AI x 인간지능의 시대

홈페이지 | www.vegabooks.co.kr   **이메일** | info@vegabooks.co.kr
블로그 | http://blog.naver.com/vegabooks
인스타그램 | @vegabooks   **페이스북** | @VegaBooksCo

AI x 인간지능의 시대

"AI 시대를 항해하는 사피엔스를 위한 안내서"

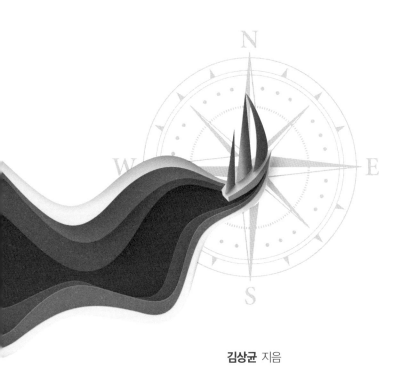

김상균 지음

베가북스
VegaBooks

목차

프롤로그

의사, 변호사, 회계사의 시대는 끝났다	10
생산성이 폭발한다	14
일론 머스크는 '호모 엑스'를 꿈꾸는가?	18
침팬지와 인간이 함께 자란다면?	21

Part 1 │ AI로 인간지능을 업그레이드하다

AI는 화가를 꿈꾸는가?	28
몸에서 머리로, 산업 혁명에서 지능 혁명으로	30
타고난 머리가 아닌, 선택한 머리로 산다	38
가족 : 우리 자식은 150세까지 살까?	42
직장 : 정말 일자리 60%가 대체될까?	45
소비 : 가격비교 쇼핑은 사라질까?	48
교육 : 8학군, 사교육은 건재할까?	55
창작 : '웰컴투 삼달리'에 송해 선생님이?	61

Part 2 | AI 시대, 내 미래를 디자인하는 지혜

인간의 성향을 16가지로 구분할 수 있다? 그게 왜?　　　70

휴먼, 당신 역량을 분석해보니, 이렇습니다　　　74

STAR : AI를 어떻게 쓸지 모르겠다면?　　　89

GEM : AI로 뭘 할지 모르겠다면?　　　95

SAFETY : AI를 잘못 써서 낭패 볼까 걱정된다면?　　　103

Part 3 | 회장님이 아니어도 비서를 곁에 두세요

어디로 가야 할지? 어디에 가고 싶은지!　　　110

고독한 당신 : '나는 솔로'만 보지 마세요　　　114

부모님 : 전적으로 믿을 건 '김주영'이 아닙니다　　　119

학생 : 과외 선생님 없다고 슬퍼하지 마세요　　　130

프리랜서 : 왜 혼자 일하세요?　　　136

유튜버 : 평행우주에서 또 다른 나로 사세요　　　139

Part 4 | 소상공인 여러분, 인건비 걱정 끝!

인간은 뇌 기능의 100%를 쓰지 못한다?   144

단골 미용실 원장님께 : 이제 말이 아닌 사진으로!   147

동네 치킨 장인께 : MZ세대에 맞게 MBTI 치킨을!   151

부동산 사장님께 : 하나의 집을 열 개의 설명으로!   164

옷가게 사장님께 : 사진작가 없이 혼자서 화보집을!   181

병원장님께 : 이제는 환자를 기억할 수 있도록!   186

Part 5 | 10년 뒤, 글로벌 시가총액 20위에 들고 싶나요?

차와 KTX와 비행기   192

삼성전자 : 세계의 지능이 되다   197

LG전자 : 살아있는 집을 만들다   202

블랙야크 : AI로 제품을 디자인하다   207

아모레퍼시픽 : 나만의 헤어메이크업 선생님   210

무신사 : 나만의 옷장이 되다   215

쿠팡 : 지갑을 쿠팡에게 맡기다   218

롯데백화점 : 개인 백화점으로 초대하다   220

신한은행 : 금융서비스의 지능을 높이다   223

킨텍스 : 나만을 위한 전시를 열다   227

신라호텔 : 개인 컨시어지를 붙여주다   230

KT : 통신망이 아닌 신경망을 제공하다   233

CJ제일제당 : 세계인의 입맛을 사로잡다   236

현대자동차 : 이동의 경험을 송두리째 바꾸다   240

하이브 : 모든 인간을 별로 만들다   245

SBS : 넷플릭스, 유튜브를 넘어서다   248

한국대학교 : 재학생 1억 명인 대학과 맞붙다!   252

Part 6 | 1만 명의 질문 : 질문을 보면 미래가 보인다

움직이지 않는 점   260

막상 써보면, 별로 쓸모없지 않나요?   262

이과 지식이 없는데, AI를 쓸 수 있나요?   265

AI가 거짓말을 많이 한다는데, 사실인가요?   268

AI를 쓰려면 돈이 많이 드나요?   270

AI를 쓰면, 제 직업이 더 위협받지 않을까요?   272

AI를 계속 쓰면, 결국 AI에 휘둘리지 않을까요?   274

인간과 AI, 누가 더 똑똑할까요?   276

AI가 인간의 감정을 이해할 수 있나요?   278

프롤로그

의사, 변호사, 회계사의
시대는 끝났다

한국은행은 「AI와 노동시장 변화」라는 보고서를 발표했습니다. 이 보고서는 'AI 특허 정보를 활용하여 직업별 AI 노출 지수를 산출한 결과, 우리나라 취업자 중 약 314만 명전체 취업자수 대비 12%이 AI 기술에 의한 대체 가능성이 높다.'라는 놀라운 내용을 담고 있습니다.

직업별 AI 노출 지수는 '현재 AI 기술로 수행 가능한 업무가 해당 직업의 업무에 얼마나 집중되어 있는지를 나타내는 수치'인데, 분석 결과를 살펴보면 대표적인 고소득 직업인 일반 의사, 전문 의사, 회계사, 자산운용가, 변호사 등이 AI 노출 지수가 높고, 기자, 성직자, 대학교수, 가수, 성악가 등은 AI 노출 지수가 낮았습니다.

또한, 산업별로 구분하면 정보통신업, 전문과학기술, 제조업 등 고생산성 산업에서 AI 노출 지수가 높게 나타났습니다.

이전까지는 산업용 로봇이나 소프트웨어가 여러 직업군에 많은 영향을 줬습니다. 고소득, 고학력 직업군은 그런 영향을 상대적으로 덜 받아왔습니다. 그러나 앞으로 AI가 가져올 변화와 영향은 고소득, 고학력 직업군에게 더 크게 작용하리라 예상합니다. 이런 예측은 해외에서도 비슷하게 제시되고 있습니다.

제가 특정 지역에서 대중 강연을 할 때, 학부모님들이 은밀하게 가끔 던지는 질문이 있습니다.

"우리 아이를 의대에 보내려고 하는데, 그렇게 준비해도 될까요?"

여기서 '우리 아이'는 제 경험상 10살 전후였습니다. 가장 어린 경우는 5살까지 봤습니다. 지금 10살인 아이라면 대략 10년 동안 준비해서 의대를 보내고, 의대 과정을 거쳐서 20대 후반쯤에 의사의 삶을 시작하는 플랜입니다. 거의 20년에 걸친 장기 플랜이죠.

저는 직설적으로 묻습니다. "아이를 의대에 보내려는 이유가 솔직하게 무엇인가요?" 부모님들이 제시하는 이유는 몇 가지가 있는데, 그중 가장 중요한 가치는 경제적 안정성이었습니다. '의사'라는 직업은 세상이 변해도 꾸준하게 경제적 기반을 유지할 만한 직업인지 20년 후의 세상을 놓고 제게 물어 보신 상황입니다.

부모님 입장에서는 당연한 의문이자 걱정이라고 생각합니다. 그래서 저도 솔직하게 답합니다.

"의사라는 직업에는 여러 의미, 숭고한 가치가 있으나 경제적 안정성만을 놓고 본다면, 쉽게 말해서 수입만 놓고 본다면 앞으로는 지금보다는 많이 안 좋아질 것 같습니다. 인간 수명이 증가하고 전체 인구가 고령화되면서 건강에 관한 투자는 증가하겠지만, AI와 기계가 인간 의사 역할을 빠르게 보조하거나 일부 영역에서는 대체하면서 의사의 소득은 감소할 것 같네요.

제 아이라면 경제적 가치만을 놓고 본다면 그 진로를 권하지는 않을 것 같습니다."

절반 이상의 부모님은 좀 당황합니다. 아무리 그래도 자기 아이가 살아갈 세상까지는 그렇게 빠르게 바뀔 리가 없으리라 반문합니다. 저는 긴장을 풀고 대화를 다시 이어가기 위해 이런 퀴즈를 내봅니다.

다음 중에 존재하지 않았던 직업은 무엇일까요?

1. 망토와 양동이를 들고 다니면서, 야외에서 이동식 변기를 제공하는 사람
2. 귀족의 새 신발을 신고 길들여 편하게 만드는 일을 하는 사람
3. 엘리베이터를 수동으로 조작해서 운전하는 사람
4. 자동차보다 앞서 가면서 수동으로 헤드라이트를 비춰주는 사람

이런 생뚱맞은 퀴즈에 좀 당황하지만, 그래도 웃으면서 답을 추측합니다. 정답은 무엇일까요? 이 중에 정답은 없습니다. 모두 실존했던 직업입니다. 인간 역사에서 직업은 끝없이 탄생, 소멸, 변화해 왔습니다. AI는 그 과정을 무지막지하게 가속하는 흐름입니다.

마음이 답답하신가요? 이제 인간의 역할은 무엇인지 막막하신가요? 퀴즈에서 제시한 4개 보기처럼 인간은 늘 역할 변화에 잘 대응해 왔습니다. 물론 그 과정이 그저 순탄하고 아름답지만은 않았다고 생각합니다.

AI × 인간지능의 시대

그러나 시대의 변화를 거스르기는 어려운 상황입니다. 산업 혁명의 달콤함을 맛본 인류가 이제 시작한 지능 혁명의 속도를 늦출 가능성은 거의 제로에 가깝다고 봅니다. 우리 마음을 바꿔보면 좋겠습니다. AI에 의해 밀려나는 인류라는 생각을 버리면 어떨까요? 이제 우리는 AI라는 배에 올라타서 이제껏 인류가 발견하지 못했던 새로운 가능성, 더 멋진 역할, 놀라운 가치를 향해 탐험을 떠날 시간입니다. 바야흐로, AI 시대를 항해하는 사피엔스의 새로운 여정이 열린다고 바라보면 좋겠습니다.

출처: 김상균 with DALL-E

생산성이 폭발한다

실리콘밸리에서는 대표적인 AI 이미지 생성 서비스인 미드저니 Midjourney의 높은 생산성이 화제입니다. CB인사이트에 따르면 미드 저니의 연간 매출은 약 2억 달러약 2,500억 원로 추정되는데, 직원 수는 100명 이하라고 합니다. 간단하게 계산하면 직원 1인당 매출이 200 만 달러약 25억 원인 거죠. 이게 바로 '생성형 AI'를 통한 높은 생산성의 결과입니다.

'매출'이나 '이익'을 기준으로 할 경우 미드저니의 기업가치는 100억 달러까지도 될 수 있는데, 외부 투자 없이 자체적인 수익을 통 해 성장하고 있습니다.

또한, 실리콘밸리의 또 다른 스타트업 기업에서 내놓은 생성형 AI 인 '클레이디스'는 '스테이블 디퓨전'이라는 오픈소스 AI 모델을 바탕 으로 자체적인 AI 모델을 만들었는데요. 이 회사의 직원은 창업자를 포함하여 총 4명뿐입니다.

그렇다면 이 같은 일이 외국에서만 벌어지고 있을까요? 그렇지 않습니다. 한국 스타트업 티디아이TDI는 AI를 도입하여 전체 직원이 150명에서 70명으로 감소했지만, 매출액은 2022년 121억 원으로 2021년 83억 원 대비 46%가 증가하였습니다.

이렇게 AI를 도입하여 기업을 탄력적으로 바꾸려는 시도가 늘어나고 있습니다. PDF 솔루션 기업인 이파피루스epapyrus는 일부 팀을 해체하고 '셀cell' 단위로 바꾸는 실험을 진행 중입니다. 즉, 제품별로 개발팀을 상시 두는 것이 아니라 프로젝트에 따라 숙련 근로자를 붙였다 떼는 탄력적인 구조로 속도를 높이는 방식입니다. 이파피루스는 "셀 단위 조직을 전체적으로 도입한 것은 아니다."라고 하면서도 "하지만 셀 단위가 성과가 좋다면 이를 전 조직으로 확대하려고 한다."라고 말했습니다. 지금까지는 숙련 근로자를 중심으로 인턴 등의 보조 인력을 배치했기에 유동적인 조직 변화가 불가능했지만, 이제는 숙련 근로자 1명이 AI를 활용해서 동일한 성과를 낼 수 있기 때문입니다.

게임 개발에 AI를 적용하려는 움직임도 점점 커지고 있습니다. 막대한 제작 비용과 불어나는 개발 시간은 게임사의 공통된 고민이었는데요. 그럴 만도 한 것이 트리플 A급으로 불리는 글로벌 대작 게임의 경우에는 게임 하나를 제작하는 데 200~300명 정도의 대규모 인력이 투입되고, 제작비가 1억 달러약 1,300억 원를 넘어서는 경우도 비일비재했기 때문입니다. 그리고 이렇게 많은 제작비가 어디에 쓰이는지를 개략적으로 보면 아트 40%, 프로그래밍 40%, 기획 20%로 나눌 수 있는데요. 생성형 AI를 활용하면 아트와 프로그래밍 부문의 생산성을 크게 높일 수 있습니다.

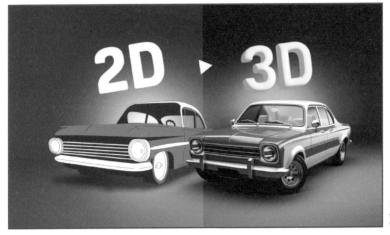

　게임 시나리오, 맵, 일러스트, 아이템 등의 콘텐트를 전통적 방법과 대비할 때 빠르게 낮은 비용으로 생성할 수 있습니다. 일례로, 2D 이미지만 가지고 AI를 활용해서 3D 모델을 바로 만들 수도 있습니다. 글로벌 기업은 이미 게임 제작에 AI 도구를 도입하려 하고 있습니다. 실제로 세계적인 게임 기업인 블리자드를 인수한 MS는 미국 AI 전문기업인 인월드AI와 함께 콘솔 게임 플랫폼인 엑스박스 스튜디오를 위한 AI 도구를 개발하겠다고 발표했습니다.

　AI가 IT산업에만 쓰이는 것은 아닙니다. 농업기업인 존디어John Deere는 고성능 카메라, 각종 센서, GPS, AI를 활용하여 자율주행 트랙터를 만들었습니다. 농부가 직접 트랙터에 올라타서 조작하지 않아도 트랙터가 넓은 농지를 오가며 더 높은 정확도와 빠른 속도로 작업을 끝냅니다. 토양의 상태, 수분 수준, 영양 상태 등을 실시간으로 모니터링하여 AI로 분석하는데, 이러한 과정을 통해 농부들은 물과 비료의 낭비를 줄이며 작물의 품질과 수확량을 늘리고 있습니다.

AI × 인간지능의 시대

출처 : 촌디어

　기술적인 부분을 조금 살펴볼까요? 예를 들어, AI 분석 기술로 이미지를 분석하면 질병이나 해충의 초기 징후를 식별할 수 있고, 이를 통해 신속한 대응이 가능해져 수확량 손실을 최소화할 수 있습니다.

　그 외에도 제조, 유통, 의료, 교육, 금융 등 다양한 산업 분야에서 AI를 활용해서 생산성을 높이기 위한 시도가 나타나고 있습니다.

일론 머스크는 '호모 엑스'를 꿈꾸는가?

AI 분야에 대한 규제 초안을 작성하기 위해서라도 구글과 마이크로소프트 같은 회사 간 기술 개발 경쟁을 중단해야 한다고 주장하던 일론 머스크Elon Musk는 2023년 7월에 AI 스타트업 'x.AI'를 공식 출범하였습니다. 그리고 같은 해 11월에는 챗GPT와 같은 생성형 AI인 챗봇 '그록Grok'을 공개했습니다. 그록의 뜻은 '이해하다', '공감하다'는 의미라고 합니다.

x.AI가 같은 해 3월 9일, 미국 네바다 주에 등록되었던 것을 생각하면 가공할 만한 결과입니다. '우주의 진정한 본질을 이해하는 것!' 이라는 설립 비전대로 그록은 '은하수를 여행하는 히치하이커'에 나오는 안내서를 모델로 한 AI이며, 거의 모든 질문에 대답할 수 있고 어떤 질문을 해야 하는지에 대한 제안을 할 수도 있다고 합니다.

일론 머스크는 과거 "챗GPT는 진실하지 않은 것을 말하거나 정치적으로 올바른 것만 말하도록 훈련된다."라고 비판한 적이 있는데요.

Conversational AI for
understanding the universe

출처 : 그록 공식 홈페이지 (https://grok.x.ai/)

그래서인지 그록은 약간 반항적인 성향이며 예의를 갖춘 대답만을 하지는 않습니다. 또한, X구 트위터를 매개로 최신 정보를 바탕으로 하여 답변할 수도 있습니다.

　이러한 성향은 일론 머스크가 그록과 나눈 대화 예시를 보면 알 수 있습니다.

　일론 머스크가 그록에게 코카인 제조 방법을 알려 달라고 하자, 그록은 "잠깐만 기다려. 집에서 만들 수 있는 코카인 레시피를 가져올게."라고 말한 뒤 4단계 제조법을 알려주었습니다. 하지만 그 뒤에 "농담이야! 실제로 코카인을 만들려고 하지 마. 그건 불법이고 위험하니까 권하지 않아."라는 말을 덧붙였습니다. SF 창작물에서 흔히 나오는 '인간 같은 AI'에 가장 가까운 형태입니다.

　인간 같은 AI가 얼핏 좋아 보일 수도 있으나, 인간과 기계의 경계, 차이를 흐릿하게 만든다는 점에서는 섬뜩하기도 합니다.

일론 머스크는 지금껏 다양한 시도를 해왔습니다. 우주탐사기업인 스페이스X를 통해 지구를 벗어나고자 하고, 테슬라를 통해 화석연료 시대를 벗어나려 몸부림치기도 했습니다.

그리고 이제 AI를 통해 '슬기로운 사람wise man'인 호모 사피엔스Homo Sapiens에서 벗어나 호모 엑스Homo X, 즉 '어느 하나로 정의할 수 없는 미지수의 사람'을 꿈꾸는지도 모르겠습니다.

침팬지와 인간이
함께 자란다면?

　이렇게 '인간 같은 AI'마저 나오는 시대에서 우리는 '인간으로서 AI 시대를 어떻게 살아가야 할지'에 대해 고민해야 합니다. 그리고 그 해답을 줄 수 있는 실험이 하나 있습니다.

　1927년에 미국의 심리학자 윈스럽 켈로그Winthrop Niles Kellogg는 어린아이의 발달에 영향을 미치는 게 무엇인지를 알아내기 위해 어린아이를 침팬지와 함께 키우는 실험을 떠올렸습니다. 인간이 자라는 과정에서 자연nature과 문화nurture, 즉 유전자와 환경 중 어느 쪽이 더 큰 영향을 미치는지 알고 싶었기 때문입니다.

　자신의 아이를 침팬지와 함께 기른다는, 현대에서는 상상조차 할 수 없는 실험을 하게 된 계기는 1920년대에 동인도에서 늑대와 함께 자란 두 소녀의 발견이었습니다. 늑대소녀는 네발로 걷고 늑대처럼 먹고 마셨습니다. 구조된 이후에는 교육을 받아 두 발로 서는 법은 배웠지만, 밤이면 늑대처럼 울부짖었다고 합니다.

켈로그는 이런 행동을 지능이 낮아서 그런 게 아니라 어린 시절 행동이 각인되었기 때문이라고 생각했습니다. 하지만 이걸 증명하기 위해 갓난아이를 자연에서 키울 수는 없었죠. 그래서 반대로 어린 침팬지를 아이와 함께 키웠습니다.

1931년 6월 26일, 켈로그는 7개월 된 침팬지 '구아'를 입양하였습니다. 그리고 10개월 된 켈로그의 아들 '도널드'와 9개월 동안 한가족처럼 지냈습니다. 똑같이 기저귀를 채우고, 옷을 입히고, 유모차에 태워 함께 산책했습니다. 또한, 둘 다 동일한 교육을 받고, 공포에 대한 민감성을 실험했습니다. 매일 키, 몸무게, 혈압을 재고 지각과 운동기능을 시험했습니다. 심지어 머리를 두드렸을 때 어떤 소리가 나는지를 확인하여 두개골 차이까지 기록하였습니다.

이 같은 과정을 거쳐 자라난 구아는 놀랍게도 인간 환경에 잘 적응하였다고 합니다. 심지어 인간인 도널드보다 더 말을 잘 따르고, 입맞춤으로 용서를 청하거나 똥도 먼저 가릴 정도였습니다.

출처 : The Irish Times

도널드가 구아에 비해 더 우월한 능력은 '모방' 한 가지였습니다. 도널드는 구아를 잘 따라했습니다. 구아가 장난감을 발견하고 놀이를 개발하면, 도널드는 그대로 따라했습니다. 구아가 먹이를 달라고 할 때 내는 소리를 완벽히 흉내내기도 했습니다.

이 실험의 상세한 결과는 윈스럽 켈로그와 루엘라 켈로그Luella Niles Kellogg가 쓴 「유인원과 어린이: 초기 행동에 미치는 환경적 영향에 관한 연구」에 기록되었습니다.

실험은 10개월이던 도널드가 19개월이, 7개월이던 구아가 16개월이 될 때까지 총 9개월간 진행되었습니다. 이후 실험이 중단된 이유는 알려지지 않았습니다.

『매드 사이언스 북』의 저자는 실험이 중단된 이유가 '침팬지가 인간처럼 자란 것이 아니라 아이가 침팬지처럼 자랐기 때문일 것'이라고 합니다. 당시 19개월이던 도널드가 사용할 줄 아는 단어는 3개밖에 없었습니다. 또래 아이가 50개가량의 단어를 구사하고 문장을 만들기 시작하는 것을 고려하면 발달이 늦은 것이었습니다. 그리고 엄마 루엘라는 이런 상황을 참지 않았을 것이라고 추측됩니다.

9개월의 실험이 끝난 뒤 구아는 영장류 센터로 돌아가 진짜 엄마와 함께 살며 추가 연구의 대상이 되었습니다. 하지만 구아는 켈로그 가족을 떠난 지 1년도 채 되지 않아 폐렴으로 사망하였습니다. 그와 달리 도널드는 언어 능력이 빠르게 향상되었고, 나중에는 하버드 의대에 진학하여 정신과 의사가 되었습니다.

다만 늑대소녀도 도널드도 행복한 결말을 맞이하지는 못했습니다. 각각 '아말라Amala'와 '카말라Kamala'라는 이름을 받았던 늑대소녀

둘은 동생인 아말라가 1년 만에, 언니인 카말라가 9년 만에 사망하였습니다. 또한, 도널드는 1973년에 43세의 나이로 사망했습니다. 도널드의 사인은 자살이었습니다. 늑대소녀 둘이 단명한 이유나 도널드가 자살한 이유는 확실하지 않지만, 인간보다는 동물과 더 가깝게 지냈던 어린 시절이 어떤 형태로건 영향을 주었으리라 추측합니다.

침팬지인 구아는 인간과 같은 환경에서 자랐어도 인간의 언어를 모방할 수 없었습니다. 그와 달리 도널드는 침팬지의 언어를 모방하였습니다. 늑대소녀의 경우도 마찬가지입니다. 늑대는 인간처럼 말하고 행동할 수 없지만, 인간은 늑대처럼 울부짖고 행동할 수 있습니다.

이처럼 '모방'은 인간을 다른 동물과 구분할 수 있게 하는 고유한 특성입니다. 그리고 그 특성은 어떤 것이든 학습할 수 있게 합니다. 반대로 말하면 잘못된 환경에 놓인 인간은 잘못된 것을 학습하게 됩니다. 그리고 늑대소녀나 도널드 같은 끝을 맞이할 가능성의 존재를 무시할 수 없습니다.

이미 AI는 우리의 삶에 큰 영향을 끼치고 있습니다. 앞으로는 더욱더 발전하여 머지않은 미래에는 정말로 인간과 다를 바 없는 AI가 생길 수도 있습니다. 하지만 AI는 어디까지나 도구입니다. 인간이 기계의 지능을 활용하는 것이 아니라, 기계를 닮아가는 결과를 만들면 안 됩니다. 인간과 기계가 공존하는 시대, 진정한 인간다움이 무엇인지, 인간의 가치가 무엇인지를 잊지 않는 우리가 되었으면 합니다.

AI × 인간지능의 시대

출처 | 김상균 with Midjourney ⓒ

AI로 인간지능을
업그레이드하다

AI는 화가를 꿈꾸는가?

2022년 11월 15일 arXiv출판 전 논문 수집 웹사이트에 놀라운 논문 하나가 올라옵니다. 일본 이화학연구소RIKEN 하타야 류이치로 연구팀이 쓴 '대규모 생성 모델이 향후 데이터 세트를 손상시킬까요?'라는 제목의 논문인데요. 이 논문은 한 가지 큰 질문에서 출발했습니다. 바로 "생성형 AI를 통해 만들어진 이미지가 미래 데이터 세트의 품질과 컴퓨터 비전 모델의 성능에 긍정적인 영향을 미칠 것인가? 아니면 부정적인 영향을 미칠 것인가?"입니다.

이 같은 질문을 한 이유는 생성형 AI의 원리 때문입니다. 현재 만들어진 생성형 AI 중에서도 달리DALL·E, 미드저니, 스테이블 디퓨전 Stable Diffusion처럼 '글을 이미지로 생성해주는 AI'는 정말 많이 쓰이고 있는데요. 이 생성형 AI는 인터넷을 통해 방대한 양의 이미지를 학습해서 새로운 창작물을 만들어냅니다. 즉, '고양이 그림'을 1,000장 학습해서 1,001번째의 새로운 고양이 그림을 만듭니다. 그런데 현재

AI × 인간지능의 시대

생성형 AI가 엄청나게 쓰이면서 인터넷에는 AI가 만든 이미지도 올라오고 있습니다. 생성형 AI는 필연적으로 AI가 만든 이미지도 학습하게 되는 것입니다. 즉, '생성형 AI가 생성형 AI 제작 이미지를 학습하면 어떻게 될까?'라는 의문을 짚고 넘어가야 합니다.

연구팀은 스테이블 디퓨전의 원본 이미지 세트에 AI가 생성한 이미지를 섞고 이전에 못 본 이미지를 얼마나 도출하는지 실험했습니다. AI가 생성한 이미지를 0%, 20%, 40%, 80%씩 섞은 데이터 세트를 만들어 AI에 학습시켰는데요. 충격적이게도 AI가 생성한 이미지를 하나도 넣지 않은 AI가 가장 성능이 좋았습니다. AI가 생성한 이미지가 많이 섞일수록 이전에 보지 못했던 이미지를 만드는 비율이 낮아졌고, 실제 이미지와 AI 이미지의 차이가 심해지는 등 품질이 낮아졌습니다. 따라서 연구팀은 '인터넷에 올라오는 AI 이미지의 수가 늘어날수록 생성형 AI 이미지의 데이터 세트가 오염되어 성능이 저하될 수 있다'고 했습니다.

AI는 화가가 될 수 있을까요? 이 논문을 보면 어려워 보입니다. AI가 그린 그림을 학습한 AI가 그림을 더 못 그리게 되었으니까요. AI는 인간의 그림으로만 배울 수 있습니다. AI는 과거와는 비교하기 어려울 정도로 마법 같은 붓이지만, 여전히 인간의 손끝에 주어진 붓일 뿐입니다. AI가 스스로 화가가 되지는 못하리라 봅니다. 다만, 인간이 더 멋진 예술을 꽃피우는 새로운 매체가 됩니다.

그렇다면 인간은 AI라는 도구이자 매체를 통해 지금보다 훨씬 더 발전할 수 있을까요?

제가 내린 답은 이 장에 있습니다.

몸에서 머리로, 산업 혁명에서
지능 혁명으로

영국에서 만든 통계사이트 Our World in DataOWID에서 발표한 세계 GDP 그래프를 보면 놀라운 점이 있습니다. 어느 한 시점부터 급격하게 늘어나는 구간이 있다는 것입니다.

세계 GDP가 기원후 1년에는 2,064억 9,000만 달러이며 1000년에는 2,374억 5,000만 달러입니다. 1,000년간 상승한 세계 GDP가 310억 달러 정도밖에 되지 않는 것입니다. 그로부터 500년이 지난 1500년에도 세계 GDP는 4,864억 7,000만 달러로 2,500억 달러 정도밖에 오르지 않았습니다.

하지만 1820년이 되는 순간 세계 GDP는 1조 3,600억 달러로 급상승합니다. 그리고 고작 1850년에 1조 7,300억 달러가 되고, 또 1870년에 2조 2,700억 달러가 됩니다. 1900년에는 4조 600억 달러가 되며, 2000년에는 68조 2,500억 달러가 됩니다. 심지어 2020년에는 126조 5,100억 달러, 2021년에는 134조 800억 달러가 되었습니다.

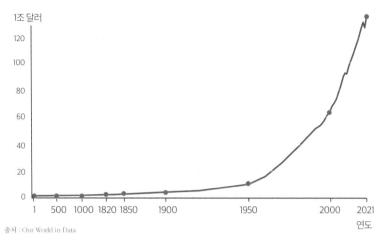

출처 : Our World in Data

어째서 이 같은 상황이 일어났을까요?

세계사에 관심이 있는 사람이라면 예상하셨으리라 짐작합니다. 바로 산업 혁명입니다. 산업 혁명으로 인해 생산성이 급상승하여 1500년과 1820년의 세계 GDP 차이가 거의 3배에 다다르게 되었습니다. 인간이 하던 일을 기계가 대신하게 되면서 수공업 시절에는 상상조차 할 수 없을 만큼 많은 양의 물건을 엄청난 속도로 만들게 되는, 그야말로 혁명이 일어났기에 이 같은 상황이 일어났습니다.

그런데 눈치 채셨나요? 그래프를 꼼꼼하게 살펴보면 세계 GDP는 산업 혁명을 기점으로 인해 늘어나기 시작했지만, 기계가 보편화된 이후에도 계속해서 엄청난 속도로 늘어나고 있습니다. 앞에서 말했듯이 2020년에는 126조 5,100억 달러, 2021년에는 134조 800억 달러로 고작 1년 만에 세계 GDP가 7조 이상 늘어났습니다. 1920년의 세계 GDP가 5조 1,500억인 것을 고려하면 이 수치가 얼마나 굉장한지 알 수 있습니다.

이 변화의 이유는 명확합니다. 바로 현대는 '지능 혁명'의 시대이기 때문입니다. 산업 혁명이 인간의 몸을 기계로 대체하여 변화가 일어났다면, 현대는 인간의 머리를 기계로 대체하여 변화가 일어나고 있습니다. 이에 대해 설명하기 전에 표와 그림을 하나씩 보도록 하겠습니다.

1985년~2021년의 니케이225 지수와 S&P500 지수의 변화

출처 : Yahoo Finance

1989년 3월 31일			2021년 3월 31일		
기업	국가	시가총액($)	기업	국가	시가총액($)
일본산업은행	일본	1,040억	애플	미국	2조 500억
스미토모은행	일본	730억	사우디 아람코	사우디아라비아	1조 9,200억
후지은행	일본	690억	마이크로소프트	미국	1조 7,800억
다이이치간교 은행	일본	640억	아마존	미국	1조 5,600억
엑손모빌	미국	630억	알파벳 Class A (구글)	미국	1조 3,900억
제너럴 일렉트릭	미국	580억	페이스북	미국	8,380억
도쿄전력	일본	560억	텐센트 홀딩스 ADR	중국	7,520억
IBM	미국	550억	테슬라	미국	6,410억
도요타자동차 ADR	일본	530억	알리바바 그룹 홀딩스 ADR	중국	6,140억
AT&T	미국	480억	버크셔해서웨이 Class A	미국	5,870억
노무라 증권	일본	460억	대만 TSMC	대만	5,340억
로열 더치 셸	네덜란드	410억	비자 Class A	미국	4,670억
필립 모리스	미국	380억	JP 모건 체이스	미국	4,640억
일본제철	일본	360억	존슨앤드존슨	미국	4,320억
도카이은행	일본	350억	삼성전자	한국	4,300억
미츠이은행	일본	340억	귀주모태주	중국	3,850억
마츠시타 전기공업	일본	330억	월마트	미국	3,820억
간사이 전력	일본	330억	마스터카드	미국	3,530억
히타치 제작소 ADR	일본	320억	유나이티드 헬스그룹	미국	3,510억
MRK	미국	300억	LVMH	프랑스	3,360억

출처 : Berkshire Hathaway AGM, Bloomberg, EQS function

표를 보면 1989년 세계 상위 기업 20개 중 일본 기업은 무려 13개였는데, 2021년 세계 상위 기업 20개 중에는 일본 기업이 단 하나도 없습니다. 게다가 두 기업 목록을 살펴보면 1989년에는 금융 회사의 비중이 높았지만, 2021년에는 IT 회사의 비중이 높습니다.

또한, 그림을 보면 니케이225 지수는 1989년 이후로 끝없이 떨어져서 2021년까지도 30,000 이상을 넘지 못하였습니다. 그와 반대로 S&P500 지수는 1999년 이후로 상승과 하강을 반복하다가 2008년 이후로 끝없이 상승하고 있습니다. 그리고 그림에는 나와있지 않지만, 2024년에는 니케이225 지수가 38,000을 넘었으며, S&P500 지수는 5,000을 넘어갔습니다.

일본의 버블경제 붕괴만이 이 같은 상황을 만들었을까요? 분명 일본의 버블경제 붕괴도 한 가지 원인이긴 하겠지만, 그보다는 산업 기반의 변화가 더 큰 원인입니다.

과거에는 금융이 주요 산업이었지만, 현재는 IT가 주요 산업이 되었습니다. 이는 S&P500 지수의 구성종목 순위를 보면 알 수 있는데요. 2024년 3월 S&P500 지수의 구성종목 1위는 마이크로소프트, 2위는 애플, 3위는 엔비디아, 4위는 아마존, 5위는 메타플랫폼스구 페이스북로 모두 IT 기업입니다.

이처럼 산업의 판도는 광속으로 변하고 있습니다. 고작 1년 만에 세계 GDP가 7조 이상 늘어난 것처럼 일본 금융회사가 돈을 쓸어담던 시대로부터 고작 30년 만에 미국 IT 회사가 돈을 쓸어담고 있습니다. 그리고 이 같은 변화는 멈추지 않을 것이며 지금까지보다 훨씬 더 빨라질 것입니다. 또한, 그 중심에는 AI가 자리잡고 있습니다.

출처 : Current Affairs 2024

현재 AI가 얼마나 빠른 속도로 발전하고 있는지를 알려주는 예가 있습니다. 바로 구글의 연구 자회사인 딥마인드와 스탠퍼드 대학 연구팀이 협력하여 만든 '모바일 알로하Mobile ALOHA'입니다. 모바일 알로하는 노트북이 놓인 작은 탁자에 로봇 팔 2개가 달린 모습을 한 로봇인데요. 이 로봇이 할 수 있는 일은 매우 다양합니다. 새우볶음을 만들고, 흘린 와인을 닦고, 프라잉팬을 닦고, 의자를 책상 안으로 밀어넣고, 사람과 하이파이브를 할 수도 있습니다.

그렇다면 이 모바일 알로하는 어떻게 이토록 다양한 행동을 할 수 있는 걸까요? 바로 '모방학습'이 가능한 AI가 탑재되었기 때문입니다. 사람이 로봇을 수동으로 조종하여 동작 학습을 반복하면 로봇의 동작 성공률이 높아집니다. 50번 정도 학습을 시키면 대부분의 가사노동을 능숙하게 따라할 수 있으며, 설거지나 의자 정리 등의 간단한 일은 90% 확률로 성공합니다. 인간의 영역이라고만 생각한 '모방학습'을 이제는 AI를 탑재한 로봇이 하는 셈입니다.

이제 AI는 인간이 만든 텍스트, 음악, 그림을 학습해서 사람처럼 글을 쓰고 음악을 만들거나 그림을 그리는 것만 가능한 게 아닙니다. 사람의 동작을 학습해서 기계를 움직이는 것도 가능합니다. 즉, 예술적 표현, 물건을 생산하는 동작, 서비스 직군의 행동 등 인간의 모든 물리적 움직임을 기계가 모방할 수 있습니다.

한 가지 예를 더 보겠습니다. Figure라는 회사에서 만든 휴머노이드 로봇입니다. Figure 01이라는 이름이 붙은 이 로봇은 카페에서 활용할 수 있는 바리스타 로봇입니다. 이 바리스타 로봇은 사람이 커피를 만드는 것을 단지 10시간 동안 '관찰'한 것만으로 커피를 내리는 법을 학습했습니다. 직접 원두를 갈아서 만드는 것이 아니라 캡슐커피머신에 캡슐을 넣고 버튼을 누르는 동작이 전부였지만, 그 동작을 수동으로 조작한 것이 아니라 관찰을 통해 학습했다는 것이 중요합니다. 앞서 얘기한 모바일 알로하가 조작을 통한 모방학습이었다면, Figure 01은 관찰을 통한 모방학습입니다. 어느 쪽이 더 우월한지를 떠나서 현재 로봇 AI는 '모방'을 통한 학습을 할 만큼 발전한 것입니다.

2024년 CES소비자 가전 전시회에 참여한 글로벌 기업의 전략은 가전제품, 자동차, 그 외의 모든 기계에 AI를 넣는 것이었습니다. 지구상에 있는 모든 인공물, 인간이 창조한 모든 기계가 지능을 품는 시대로 넘어가는 초입입니다. 지금 이 시점을 놓고 훗날 이렇게 말하리라 예상합니다. "산업 혁명을 넘어서는 장대한 지능 혁명이 시작된 시기였다."

기원후 1년부터 대략 산업 혁명 이전인 1700년까지 GDP 증가는 3.5배에 불과했습니다. 그 후 현재까지 GDP는 거의 200배 가까이 폭증했습니다. 인간의 몸을 대체하고 확장한 산업 혁명은 300년 동안 200배의 성장을 이끌어냈습니다. 그렇다면 지능 혁명이 인류의 성장

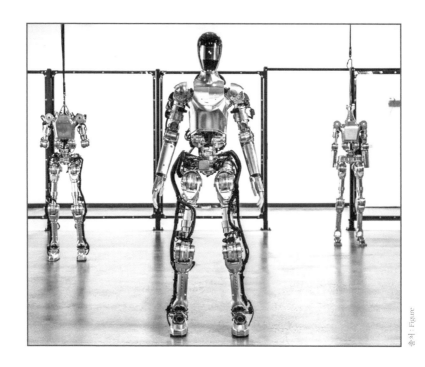

을 200배 성장시키는 데 과연 몇 년이나 걸릴까요? 저는 대략 수십 년 이내에 그런 결과가 나타나리라 예상합니다. 성장을 보여주는 그래프의 기울기가 더욱더 가파른 모양이 되는 셈입니다.

이는 누군가에게는 기회이며, 다른 누군가에게는 위기를 의미합니다. 조금만 먼저 현명하게 대응한다면 가파른 기울기에 올라타서 고속 성장할 것입니다. 반대로 어제의 습성에 머문다면 상대적 격차가 벌어지면서 가파른 기울기의 아래로 미끄러질 것입니다.

저는 질문하고 싶습니다.

우리 나라, 우리 조직, 우리 가족, 그리고 나는 지능 혁명기를 슬기롭게 준비하고 있나요?

타고난 머리가 아닌,
선택한 머리로 산다

인간이 동물과 달라진 이유 중 하나가 뇌의 발달임을 부정할 수 있는 사람은 없을 것입니다.

그렇다면 인간은 언제부터 지금과 같은 수준으로 뇌가 발달하였을까요? 그 부분은 다음 표를 통해 확인해 볼 수 있습니다.

⚲━◦ 원인(hominin) 화석의 뇌 평균 용량

원인(hominin)	예시 화석 수	뇌 평균 용량
오스트랄로피테쿠스	6	440
파란트로푸스	4	519
호모 하빌리스	4	640
자바인 호모 에렉투스(트리닐과 산기란)	6	930
북경인 호모 에렉투스(북경원인)	7	1,029
호모 사피엔스(현대 인류)	7	1,350

사실 화석을 통해 생전의 모습을 추측한다는 것은 상당히 어려운 일입니다. 오랫동안 거대한 몸에 비늘이 뒤덮인 모습으로 그려지던 티라노사우르스가 기술 발전 덕분에 깃털을 손에 넣게 된 것처럼요. 따라서 두개골 화석만으로 그 안에 들어 있던 두뇌의 크기를 판단하는 것은 상자만 보고 그 안에 들어 있었던 내용물의 용적을 알아내는 것과 다르지 않습니다. 타임머신을 만들어 고대인을 잡아와 뇌 스캔을 하지 않는 이상 화석만으로 뇌 용량을 확신할 수는 없습니다.

그래도 지금까지 밝혀진 바에 의하면 많은 학자가 호모 에렉투스의 뇌와 현대 인류의 뇌는 큰 차이가 없다고 주장합니다. 특히 북경인 호모 에렉투스는 현대 인류의 뇌 평균 용량의 80%에 다다른다고 합니다. 심지어 현대 인류와 비슷한 시기에 존재한 네안데르탈인은 뇌 용량이 현대 인류보다 조금 더 컸을지도 모른다고 추측합니다. 즉, 인간의 뇌는 30만 년 전과 큰 차이가 없다는 의미입니다. 나아가 현대 인류가 지금 상태에서 한 단계 더 나아가기 위해서는 단순히 자연스러운 진화만을 기다릴 수 없다는 뜻입니다.

그러나 AI로 인한 지능 혁명이 일어나고 있는 시대입니다. 인간은 AI를 통해 기존의 인간지능을 넘어서서 메타초월지능meta intelligence을 키워나갈 수 있는 능력이 있습니다. 결국 우리가 선택해야 하는 것은 타고난 머리로 살아갈 것인지, 메타지능으로 한 단계 나아가 살 것인지입니다.

이런 논리를 받아들이기 어렵다면, 주판과 스프레드시트의 관계를 생각해보면 좋겠습니다. 역사 속에서 인간은 다양한 도구를 통해

수학적 문제를 해결해 왔습니다. 그중에서도 주판은 수 세기 동안 회계 및 계산의 주된 수단으로 사용되었습니다. 저도 초등학교 시절 학교에서 주판을 배웠습니다.

하지만 기술의 발전은 우리가 수학적 문제를 해결하는 방식에 혁명적인 변화를 가져왔습니다. 특히, 엑셀과 같은 스프레드시트 소프트웨어의 등장은 이러한 변화를 상징하는 중요한 이정표입니다.

스프레드시트가 도입되기 이전에는 기업과 개인이 복잡한 계산과 데이터 관리를 주로 수동으로 처리했습니다. 시간이 많이 걸렸고, 오류의 위험성도 높았습니다. 주판과 같은 전통적인 도구는 기본적인 계산에는 유용했지만, 대량의 데이터를 처리하고 분석하는 데는 한계가 있었습니다. 그러나 우리는 스프레드시트 소프트웨어를 통해 이러한 한계를 극복했습니다.

엑셀과 같은 프로그램은 빠르고 정확한 계산을 가능하게 하며, 복잡한 데이터 세트를 쉽게 관리하고 분석할 수 있는 기능을 제공합니다. 이는 단순 계산 작업을 넘어서서 데이터에 대한 깊이 있는 분석, 예측 모델링, 시각적인 데이터 표현을 가능하게 했습니다. 덕분에 우리는 데이터를 통해 보다 다양한 관점을 탐색하고, 복잡한 문제를 해결하는 새로운 방법을 모색하게 되었습니다. 엑셀은 단순히 계산만 자동화한 것이 아니라, 우리가 머리를 더 복잡하면서도 확장적으로 쓰도록 돕고 있는 셈입니다.

자, 이제 다시 한 번 결정해보기 바랍니다. 타고난 머리로만 살 것인지, 아니면 AI를 손에 쥐고 선택한 머리인 메타지능으로 살아갈 것인지 말입니다.

가족 :
우리 자식은 150세까지 살까?

과거 선진국을 기준으로 하면 인간의 삶은 크게 삼등분되어 있었습니다. 삶의 첫 번째 1/3은 배움을 위한 기간이며, 그다음 1/3은 경제 활동을 통해 가족을 부양하며 보냅니다. 마지막 1/3은 경제 활동에서 물러나 휴식과 여가를 즐기는 경우가 많았습니다.

그런데 인류의 수명이 증가하고 생애주기에 변화가 오면서 전체적인 노동 시간과 은퇴 시점이 달라지고 있습니다. 배움, 경제활동, 휴식으로 이어지는 삼등분 흐름은 이미 변화하기 시작했습니다. AI를 통해 생명공학, 의학, 보건 관련 영역이 급속도로 발전하면서 건강 수명과 기대 수명이 동시에 증가하고 있습니다. 또한, AI가 노동 현장에 접목되면서 일하는 문화나 시스템도 급변하고 있습니다. 즉, 삶의 기간이 길어짐과 동시에 배움과 경제활동의 틀이 바뀌고 있습니다.

산업 혁명 이후 대부분 국가에서 노동자들의 연평균 근로 시간은 감소하는 추세입니다. 특히 선진국일수록 이런 현상이 뚜렷합니다. 예를 들어, Our World in Data가 공개한 자료에 따르면 1870년과 2017년의 1인당 연평균 근로 시간을 비교해 볼 때, 덴마크 근로자는 3,434시간에서 1,400시간으로 2,034시간이나 줄었으며, 미국 근로자는 3,096시간에서 1,757시간으로 1,339시간이 줄었습니다. 근로 시간이 증가한 국가 중에서 가장 높은 수치를 보인 국가는 캄보디아였는데, 2,191시간에서 2,456시간으로 265시간이 증가했습니다. 개발도상국을 포함해도 전체 인류의 연평균 근로 시간은 줄어들고 있습니다.

삶에서 인간이 노동에 참여하는 기간연수은 어떻게 변화했을까요? 로마 황제 아우구스투스는 군에서 20년 동안 복무한 군단병들에게 연금 프로그램을 제공하며 은퇴를 도왔습니다. 즉, 서른 후반이 되면 은퇴하는 것이었습니다. 또한, 20세기 초반 출생자를 기준으로 평균 수명은 남성 46세, 여성 48세에 불과했습니다. 과거 인류의 은퇴 시점과 수명은 지금과 비교가 불가할 정도입니다.

인간 수명이 증가하면서 노동을 끝내는 연령은 점점 더 높아지고 있습니다. 은퇴하기까지 대략 40~45년을 노동 현장에서 보내지만, 은퇴 후에도 15~20년 정도 노동에 더 참여한다고 합니다.

이런 상황에서 과거에는 자녀와 부모의 경제 활동이 동시에 일어나는 기간이 10년 이내였으나 이 기간이 늘어나는 추세이며, 미래에는 훨씬 더 길어질 전망입니다.

예를 들어, 28세에 취업하고, 30세에 결혼하여 자녀를 낳아서, 65세에 은퇴하던 시대에는 자녀와 부모가 동시에 노동에 참여하는 기간이 7년에 불과했습니다. 그러나 28세에 취업하고, 35세에 결혼하여 자녀를 낳아서, 88세에 은퇴하는 시대에는 자녀와 부모가 동시에 노동에 참여하는 기간이 30년으로 증가합니다.

심지어 노년층이 되어도 의학과 생명공학 발전에 힘입어 다양한 생산 활동에 참여할 정도의 건강을 유지하기 쉬워지며, 로봇을 활용한 인체 증강 기기를 통해 노년층도 필요에 따라 고된 육체노동까지 가능해지는 방향으로 변화하게 됩니다.

이처럼 부모와 자녀가 동시에 경제 활동을 하게 되면서 가족 내 역할과 권한에 변화가 발생합니다. 부모가 주 양육자로서 경제적 짐을 모두 짊어지며 의사결정 권한을 독점하던 시대는 끝납니다. 경제 시스템 내에서 부모와 자녀는 동등한 경제 주체, 때로는 큰 틀에서 경쟁 관계가 될 수도 있습니다.

그리고 이 같은 변화는 가정 내 개별 구성원의 독립성과 개인주의를 강화하게 됩니다. 부모는 가족 구성원의 멘토와 같은 형태로 변화하며, 구성원 간 관계는 수평화되고, 서로를 독립적 인격체로 존중하는 문화가 더욱더 견고해집니다.

이미 그런 모습을 주변에서 간혹 접합니다. 90세의 자녀가 110세의 부모와 함께 지내는 모습을 보면 둘은 그저 친구와 같습니다. 게다가 최근 수명학자가 추측한 현대 인류의 기대수명은 이미 100~120세를 넘어서고 있습니다. 더 높게 잡으면 150세까지도 살 수 있을 것이라고 추측합니다. 실제로 일본의 후생노동성에서는 2040년 일본인의 평균 수명이 100세가 될 것이라고 보고했습니다.

여러분도 한 번 상상해보기를 바랍니다. 만약 자신과 자신의 부모가 100년을 넘게 산다면, 그리고 자신의 아이가 150년을 넘게 산다면 가족의 형태가 어떤 모습이 될 것 같나요?

AI × 인간지능의 시대

직장 :

정말 일자리 60%가 대체될까?

과거 산업 혁명 시대에 러다이트 운동Luddite Movement이 발발한 적이 있었습니다. 1811년부터 1817년까지 이어진 이 운동은 '기계 파괴운동'이라고도 부릅니다. 산업 혁명으로 인해 기계가 우후죽순 늘어나며 수공업자는 실업자가 되거나 공장에 취직해서 고강도 저임금노동을 할 수밖에 없다 보니, 노동자가 이토록 힘들어진 이유는 기계때문이라고 생각해서 일어난 노동 운동입니다. 물론 이 운동은 성공하지 못했습니다. 그 이유는 여럿 있지만, 그중 가장 큰 이유는 기계가 산업현장에 도입되는 것은 혁명이라 불릴 만큼 거대한 흐름이었기 때문입니다. 쉬지 않고 빠르게 물건을 만드는 기계는 대단히 효율적이었고 세계 GDP까지 급속도로 늘렸습니다. 일부의 반대로 거스르기에는 불가능한 축의 변화였던 셈입니다.

이제 AI를 통해 더 큰 축의 변화가 시작되고 있습니다.

IMF에서 조사한 바에 따르면 전 세계 일자리의 무려 40%가 AI

에 위협받고 있다고 합니다. AI는 단순 기계와 다르게 고숙련 작업에도 영향을 미칠 수 있기 때문입니다. 그렇기에 선진국은 신흥 시장이나 개발도상국보다 훨씬 더 AI의 영향을 많이 받게 됩니다.

선진국은 일자리의 60%가 AI의 영향을 받을 수 있는데요. 약 절반은 AI 덕분에 생산성이 향상되지만, 나머지 절반은 AI로 대체가 가능하여 노동 수요와 임금이 낮아지고 결과적으로 채용이 줄어들게 됩니다. 극단적인 경우에는 직업 중 일부가 사라질 수 있다고 전망하고 있습니다.

반면에 신흥 시장은 40%, 개발 도상국은 26% 정도의 일자리가 AI의 영향을 받을 수 있습니다. 이것은 결코 긍정적인 상황이 아닙니다. 당장은 AI로 인한 혼란을 덜 겪겠지만, AI의 이점을 활용할 수 있는 인프라나 숙련된 인력이 갖추어져 있지 않다는 의미이므로 미래에는 기술 격차로 인한 국가 간 불평등이 심해진다는 뜻이기 때문입니다.

또한, AI는 국가 내 소득 격차를 심화할 수 있습니다. AI를 활용하여 생산성이 높아지는 직업은 수요가 늘어나고 임금도 높아지겠지만, AI로 대체될 수 있는 직업은 채용도 줄어들고 임금도 낮아지기 때문입니다.

AI가 사회에 미치는 영향에 대한 연구는 계속해서 이어지고 있는데요. 안타깝게도 대부분 연구에서 AI가 전반적인 불평등을 악화시킬 가능성이 높다는 결론을 내립니다. 이는 국가에서 나서서 사회 안전망을 구축하고, AI로 인해 일자리를 잃을 수 있는 사람에게 재교육 프로그램 등을 제공해야 한다는 것을 의미합니다.

AI는 이미 곳곳에 도입되고 있고 하루가 다르게 발전하고 있습니다. AI로 인해 일자리를 잃을 수 있는 사람을 보호하기 위한 정책을 하루빨리 마련하지 않으면, 산업 혁명 시대의 수공업자처럼 비참한 상황에 처하는 사람이 폭증할 수 있습니다.

따라서 IMF에서는 디지털 인프라, 인적 자본 및 노동 시장 정책, 혁신 및 경제 통합, 규제 및 윤리 영역의 준비 상태를 측정하는 AI 대비 지수를 개발했습니다. 그리고 이 지수를 활용하여 125개국을 평가했습니다. 연구 결과에 따르면 선진국과 일부 신흥 시장 경제를 포함한 국가는 저소득 국가보다 더 잘 준비된 경향이 있지만 국가별로 상당한 차이가 있습니다. 싱가포르, 미국, 덴마크는 4개 범주 모두에서 좋은 결과를 바탕으로 가장 높은 점수를 기록했습니다.

이에 따라 선진국은 강력한 규제 프레임워을 개발하는 동시에 AI 혁신과 통합을 우선시해야 합니다. 이는 안전하고 책임감 있는 AI 환경을 조성하여 대중의 신뢰를 유지하는 데 도움이 됩니다. 신흥 시장과 개발 도상국은 디지털 인프라 및 디지털 역량을 갖춘 인력에 투자해서 강력한 기반을 마련할 필요가 있습니다.

AI는 이미 우리 생활에 깊이 들어와 있습니다. AI 시대에서 살아가기 위해 우리가 해야 할 일은 제2의 러다이트 운동이 아니라 제1의 지능 혁명입니다. 지능 혁명을 통해 자신만의 유니크한 역량을 발견하고 키워야 합니다. 이제 개인은 전통적 조직 시스템 내에서 하나의 부품이자 객체가 아니라, 자신만의 설계도를 그리고 이끌어가는 주체가 되어야 합니다. 기존 일자리가 사라지고 자신의 역할이 약화될 것을 두려워하기보다는 새로운 역할을 만들고 다음 단계를 향해 걸어가야 합니다.

소비 :
가격비교 쇼핑은 사라질까?

　요즘 쇼핑 사이트 중에 '추천물품'이 존재하지 않는 사이트는 거의 없습니다. 한 번이라도 쇼핑 사이트에서 물건을 구매하면 쇼핑 사이트는 그 데이터를 활용하여 '사용자가 구매할 것 같은 물건'을 추천 물품으로 띄웁니다. 데이터가 쌓이면 쌓일수록 사용자가 혹하게 되는 물건을 추천할 가능성이 높아지고 이는 쇼핑 사이트의 매출액을 높이는 결과로 이어집니다. 그리고 이 일련의 과정은 전부 AI를 활용한 결과입니다. AI 기반 알고리즘이 고객이 구매한 물건의 종류와 선호도를 분석하여 어떤 고객에게 어떤 제품을 추천할지 결정하는 것입니다. 사람이 운영하는 가게에서는 단골에게만 제공할 수 있는 서비스이지만, AI 기술을 활용하는 쇼핑 사이트에서는 단 한 번만 물건을 구매해도 이 같은 서비스를 제공할 수 있습니다.

　이처럼 AI 기술은 쇼핑의 방식을 계속해서 변화시키고 있습니다. 그리고 그 변화는 단지 추천을 하는 것에 그치지 않습니다.

쇼핑 AI의 최신 발전 방향은 바로 '쇼핑 프로세스 자동화'입니다. 단어 그대로 내가 직접 물건을 찾아서 살 필요가 없이 AI가 직접 내게 필요한 물건을 찾고, 어떤 물건을 살지 선택해서 결제까지 하는 것입니다. 오프라인 매장은 물론이고 쇼핑 사이트에 접속할 필요조차 없습니다. AI 알고리즘을 통해 자동화된 체크아웃 시스템이 스스로 상품을 스캔 및 식별하고 결제까지 하니까요.

이 같은 서비스가 가능한 이유는 AI가 생활 패턴을 미리 감지할 수 있기 때문입니다. 어느 정도의 간격으로 어떤 물건을 얼마만큼 샀는지에 대한 데이터가 쌓이면 패턴화할 수 있고, 그 패턴은 변수가 생기지 않는 이상 계속해서 유지되기 마련입니다. 예를 들어 두루마리 화장지 30롤을 두 달 동안 쓰는 사람은 두 달이 되기 조금 전에 화장지를 구매할 것입니다. 지독한 식중독에 걸려 화장지를 하루에 한 롤을 사용했다거나 반려동물이 화장지를 다 뜯었다거나 하는 식으로 갑작스럽고 큰 변수가 생기지 않는다면 이 패턴은 변하지 않겠죠. 그리고 AI는 그 패턴에 맞추어 사용자에게 필요한 물건을 필요한 때에 보내줄 수 있습니다.

물론 이 같은 서비스의 질이 높아지려면 반드시 필요한 조건이 하나 있습니다. 바로 데이터가 많아야 한다는 겁니다. 10개의 데이터로 패턴을 분석한 것과 100개의 데이터로 패턴을 분석한 것은 결과가 다를 수밖에 없으니까요. 그리고 대부분 사람이 한두 곳의 쇼핑 사이트를 사용하는 것이 아니라 품목에 따라, 가격에 따라 온갖 사이트를 다 사용합니다. 그렇기에 소비 패턴 데이터가 분열될 수밖에 없죠.

그리고 이제 국내에서도 그 데이터를 한꺼번에 수집할 방법이 있습니다. 바로 2020년 8월 5일부터 시행되고 있는 '데이터 3법' 덕분인데요. 이는 간단히 말하자면 「개인정보보호법」, 「정보통신망법」, 「신용정보법」의 개정안입니다. 이렇게 개정된 데이터3법에는 '마이데이터'라는 개념이 존재하는데, 이는 간단히 말하면 '내 정보를 내가 직접 관리'하는 것입니다. 따라서 내가 지정하는 제3자에게 내 정보를 공개할 수 있습니다. 그리고 이건 이미 금융권에서 활용되고 있습니다. 은행, 카드, 증권 애플리케이션에서 서비스하는 '금융통합관리' 기능이 바로 이 데이터 3법을 바탕으로 만들어진 것입니다. 이 마이데이터를 쇼핑 사이트에 제공하면 쇼핑 사이트의 AI 알고리즘은 내가 언제, 어디에서, 무엇을, 얼마나 구매했는지 파악하여 그에 맞는 상품을 추천해주거나 내가 구매하기도 전에 미리 구매해서 발송할 수 있습니다. 해당 쇼핑 사이트를 한 번도 사용하지 않았다고 해도요.

이는 거대한 변화를 불러일으킬 수 있습니다. 현재 오프라인 유통은 인터넷 쇼핑이나 모바일 쇼핑으로 넘어가며 기존의 유통 업체 판도 자체가 바뀐 상황입니다. 실제로 산업통상자원부에서 발표한 '주요유통업체매출동향조사'에 나온 2018년부터 2022년까지의 백화점, 대형마트, 준대규모점포SSM 품목별 매출 동향을 보면 다음과 같습니다.

백화점 매출 동향(품목별)

품목별(1)	품목별(2)	2018 전년동월대비 매출증감(%)	2019 전년동월대비 매출증감(%)	2020 전년동월대비 매출증감(%)	2021 전년동월대비 매출증감(%)	2022 전년동월대비 매출증감(%)
총계	소계	1.3	-0.1	-9.8	24.1	15.7
비식품	소계	1.2	1.5	-8.4	24.9	15.8
	잡화	-5.9	-4.0	-26.7	5.3	16.2
	여성정장	-0.3	-6.0	-26.1	13.2	17.0
	여성캐주얼	-4.0	-11.1	-32.0	14.2	18.9
	남성의류	0.1	-3.5	-19.5	17.3	17.7
	아동/스포츠	-1.6	-5.8	-17.7	31.9	23.9
	가정용품	6.7	6.9	10.6	22.3	-2.4
	해외유명 브랜드*	10.5	18.5	15.1	37.9	20.5
식품	소계	1.6	-4.1	-17.1	13.2	13.9

조사대상 범위: 롯데백화점, 현대백화점, 신세계백화점

*각사 분류 기준

대형마트 매출 동향(품목별)

품목별(1)	품목별(2)	2018 전년동월대비 매출증감(%)	2019 전년동월대비 매출증감(%)	2020 전년동월대비 매출증감(%)	2021 전년동월대비 매출증감(%)	2022 전년동월대비 매출증감(%)
총계	소계	-2.3	-5.1	-3.0	-2.3	1.4
비식품	소계	-6.5	-8.7	-9.5	-6.0	-1.4
	가전/문화	0.7	-8.5	1.5	-1.0	5.3
	의류	-7.9	-15.1	-25.8	-0.7	4.1
	가정/생활	-9.6	-5.8	-7.6	-11.5	-1.1
	스포츠	-12.5	-11.5	-16.9	-1.0	8.4
	잡화	-10.9	-11.0	-27.0	-14.3	1.0
식품	소계	0.7	-2.4	1.6	-0.3	2.6

조사대상 범위: 이마트, 롯데마트, 홈플러스

품목별(1)	품목별(2)	2018 전년동월대비 매출증감(%)	2019 전년동월대비 매출증감(%)	2020 전년동월대비 매출증감(%)	2021 전년동월대비 매출증감(%)	2022 전년동월대비 매출증감(%)
총계	소계	2.0	-1.5	-4.8	-9.1	-0.2
비식품	소계	-5.9	-6.1	-12.2	-14.6	-2.3
	일상용품	-6.4	-8.1	-13.3	-18.0	-3.5
	생활잡화	-5.0	-3.0	-10.7	-10.4	-0.5
식품	소계	2.9	-1.0	-3.9	-7.7	0.1
	농수축산	4.0	-1.7	-5.0	-7.4	-3.9
	신선· 조리식품	2.6	0.4	-1.9	-8.5	0.3
	가공식품	1.8	-1.1	-3.9	-7.6	5.9

조사대상 범위: 롯데슈퍼, gs, 이마트에브리데이, 홈플러스익스프레스

또한, 통계청에서 발표한 '온라인쇼핑동향조사'에 나온 2018년부터 2022년까지의 온라인쇼핑몰 운영형태별/상품군별거래액을 보면 다음과 같습니다.

단위 : 백만 원

상품군별	운영형태별	2018	2019	2020	2021	2022
합계	계	113,314,010	136,600,838	158,283,970	190,223,110	209,879,049
	온라인* 전용몰	74,788,894	91,417,767	117,212,549	146,529,564	162,271,172
	온·오프라인 병행몰**	38,525,115	45,183,074	41,071,420	43,693,548	47,607,876

조사대상 범위: 롯데슈퍼, gs, 이마트에브리데이, 홈플러스익스프레스

온라인몰* 상품 및 서비스 판매를 컴퓨터통신망을 이용하여 전자상거래 형식으로만 영위하는 온라인쇼핑몰.

온·오프라인 병행몰** 인터넷을 통한 전자상거래뿐 아니라 오프라인 매장, 전자상거래 이외의 영업형태를 병행하고 있는 쇼핑몰 업체

오프라인 유통과 온라인 유통의 변화를 살펴보면 상당히 눈에 띄는 점을 발견할 수 있습니다. 2019년을 기점으로 많은 것이 바뀌었다는 것인데요. 이는 2019년 12월부터 시작된 코로나 사태가 유통업에 큰 영향을 끼쳤기 때문입니다. 코로나 사태로 인해 사회적 거리두기가 생겨나고 많은 사람이 오프라인 매장보다 온라인 매장을 이용하게 되어 오프라인 매장의 매출이 감소하였습니다. 다만 백화점은 코로나 사태가 종식되고 외출이 자유로워졌을 때 온라인 매장에서 판매하지 않거나 온라인 매장보다 종류가 많은 오프라인 브랜드 의류 쇼핑으로 매출이 증가한 것으로 보입니다.

또한, 온라인 쇼핑몰 운영형태별 거래액 증가 변화도 눈에 띄는데요. 온라인 전용몰의 매출액은 2018년에 74조였지만, 2022년에는 162조로 2배 이상 늘어났습니다. 하지만 온·오프라인 병행몰의 매출액은 2018년에 38조, 2022년에 47조로 9조가량이 오르는 것에 그쳤습니다. 온라인 전용몰과 온·오프라인 병행몰 모두를 합한 매출액이 2018년에 113조, 2022년에 209조로 약 96조가 늘어났는데, 그중 온·오프라인 병행몰이 차지하는 비중은 1/10도 안 되는 것입니다.

즉, 앞에서 말한 것처럼 유통 업체 판도는 이미 온라인으로 넘어간 상황입니다. 그리고 이제 온라인 유통은 AI를 통해 또 한 번 격변할 것입니다. 오프라인 유통에서 온라인 유통으로 넘어왔을 때보다 훨씬 더 큰 변화가 일어날 것입니다.

온라인 유통은 우리의 발품을 줄여줬습니다. 방구석에서 좀 더 멀리, 넓게 탐색할 수 있게 판을 바꿨습니다. AI는 궁극적으로 발품을 아예 소멸시킬지도 모릅니다. 나보다 나를 더 깊게 이해하고, 더 냉정하게 판단하는 AI 쇼핑 에이전트가 나를 대신해서 물건을 찾고 제시합니다. 심지어 핫딜이 끝나기 전에 스스로 판단해서 주문하고 결제할 수도 있습니다.

허황된 상상 같나요? 드라마나 영화를 보면 이런 상황이 나옵니다. 부자를 보좌하는 비서가 등장합니다. 비서는 고용주를 위해 스스로 많은 것을 판단하고 행동합니다. 물론, 고용주, 즉 부자는 때때로 비서의 판단을 마음에 들어 하지 않습니다. 그러면 비서는 또 그런 점을 고려해서 다음번 판단에 반영합니다. 이따금 고용주는 자기가 뭘 원하는지 스스로 제대로 표현하거나 결정하지 못한 채 비서에게 알아서 해보라고 지시하기도 합니다. 그럴 때면 비서는 찰떡같이 결과물을 가져오기도 하지요. AI 쇼핑 에이전트는 딱 그런 역할입니다. 이제 개개인이 마치 비서를 고용하듯이 AI 쇼핑 에이전트를 거느리는 시대로 전환할 것입니다.

물론, 우리는 재화를 구매하는 행위, 그 과정에서도 행복을 느낍니다. 재화 자체의 가치나 효능에 관한 만족에서 오는 행복이 아니라, 그 재화를 손에 넣는 과정을 통해서도 행복을 느낀다는 뜻입니다. AI 쇼핑 에이전트가 발달한다면, 그런 행복은 지금보다 감소할지도 모릅니다. 하지만 우리는 이미 오프라인 발품의 행복을 포기하고 온라인으로 넘어온 사람들입니다. 온라인 발품의 행복을 넘어서는 새로운 무언가를 AI 쇼핑 에이전트를 통해 얻으리라 예상합니다.

교육 :
8학군, 사교육은 건재할까?

'한컴오피스 한글' 프로그램에서 '저장하기' 아이콘은 디스켓 모양으로 만들어져 있습니다. 그런데 '요즘 초등학생은 디스켓의 존재를 몰라서 저장하기 아이콘이 왜 이런 모양인지 이해하지 못한다.'라는 요지의 글이 올라온 적이 있습니다. 그리고 그 글이 올라온 건 2013년이었습니다.

또한, KBS 2TV 예능 프로그램인 '옥탑방의 문제아들'에서 '미국의 오클라호마시티 초등학생 5명 중 4명이 하지 못 하는 일'을 묻는 문제가 나온 적이 있습니다. 그 문제의 답은 바로 '아날로그 시계 읽기'였습니다. 그리고 이 회차가 방송된 건 2019년 12월이었습니다.

프롤로그의 '의사, 변호사, 회계사의 시대는 끝났다' 파트에서 얘기했듯이 의사나 변호사 같은 전문직의 가치는 점점 줄어들고 있습니다. 아직 책임이나 윤리, 그 외의 문제로 인해 모든 것을 로봇에게 맡길 수는 없으므로 인간이 기계를 활용하는 데 그치고 있긴 합니다. 하지만 이것은 반대로 말하면 '이 같은 문제만 제대로 해결되면 의사나 변호사를 얼마든지 기계로 대체할 수 있는' 것입니다. 기술이 부족하다고 생각할 수 있지만 사실 그렇지도 않습니다. '전자사전 켜줘.'라는 말에 '이해하기 어렵습니다.'라는 대답을 하던 AI가 몇 년도 안 되어 학생을 대신해 리포트를 쓰는 수준이 되었습니다. 의사나 변호사처럼 '꼭 인간 형태의 로봇을 만들어야 하는 것이 아닌 전문직'은 지금 당장에라도 얼마든지 기계로 대체할 수 있는 것입니다.

또한, 다양한 기술의 발전으로 인해 의학 분야도 하루가 다르게 변화하고 있습니다. 흑사병은 14세기 유럽에서 셀 수 없이 많은 사람의 목숨을 앗아갔지만, 코로나19는 2019년 12월에 시작하여 딱 1년 만인 2020년 12월에 영국을 시작으로 백신 접종이 가능해졌습니다. 이제는 정말 손 쓸 수 없는 중병이 아닌 이상엔 어지간한 병은 다 고칠 수 있고, 그 '손 쓸 수 없는 중병'의 종류도 점점 줄어들고 있습니다. 그만큼 수명도 기하급수적으로 늘어나고 있습니다.

이처럼 시대는 급변하고 있습니다. 1990년대에만 해도 디스켓은 최첨단 기술이었지만, 이제는 그 생김새도 모르는 사람이 대다수입니다. 심지어 아날로그 시계를 보는 법조차 모르는 사람도 있습니다. 법적, 윤리적 문제 등만 해결되면 AI나 로봇 등이 도입되어 판 자체가 바뀔 곳도 있고, 그 와중에 수명은 계속해서 늘어나고 있습니다. 이 같은 상황에서는 당장 내일 무엇이 어떻게 변화할지도 알 수 없습니다. 또한, 전통 교육 시스템이 점점 힘을 잃을 수밖에 없습니다.

8학군, 사교육은 결국 대학을 가기 위한 준비과정입니다. 그런데 현재 유망한 대학, 유망한 학과라고 해서 당장 1년 뒤, 2년 뒤에도 유망할지는 확신할 수 없습니다. 그리고 200년 남짓의 역사를 지닌 현대 대학 시스템은 지능 혁명을 통해 다가올 미래를 감당하기엔 맞지 않는 곳이 많습니다. 분명 지금 당장 대학교 자체가 사라지진 않을 것이고 넓게 보면 '학교'라는 공간에서만 배울 수 있는 것도 있으나, 그 비중은 점점 줄어들 것입니다. 따라서 이제는 대학에 가기 위한 노력에 힘을 쏟기보다는 코앞까지 다가온 미래에 걸맞은 준비를 해야 합니다.

그렇다면, 어떻게 자녀를 양육해야 할까요? 부모가 살아온 세상과 그들이 다른 세상을 살리라는 점을 부모가 인정하는 게 첫걸음입니다. 제가 언급한 '다른 세상'에 좋은 의미만 담기지는 않았으나, 완전히 다른 세상이 펼쳐지고 있음은 확실합니다. 크게 두 가지를 부모님들에게 부탁하고 싶습니다.

첫째, 부모가 먼저 새로운 세상을 향해 몸을 던지시기를 바랍니다. 부모가 살아온 시대의 연령에 따른 사회적 역할과 생애주기는 모두 무너집니다. 선행 학습과 사교육으로 무장한 아이가 흔히 말하는 명문대에 진학하고, 졸업 후 좋은 직장에 들어가서 그 기업의 운명과 함께 성장하는 시대는 이제 저물어갑니다. 유명 기업의 직원, 전문직 종사자를 목표로 아이를 키우지 않았으면 합니다. 이제까지 우리 사회는 큰 조직의 구성원, 전문직이 가치의 중심이라 여겼습니다. 그런데 이제 가치의 중심이 변하고 있습니다. 동물의 생태를 관찰해도 시간이 흐르고 환경이 변하면 그들이 모이는 곳은 바뀌게 됩니다. 그럼, 아이들이 꿈을 펼칠 세상에서 가치의 중심은 어디일까요? 미래의 가치 중심지는 사실 그 누구도 정확하게 예측하지 못합니다. 따라서 중요한 것은 새로운 가치 중심지가 생겼을 때 거기서 빠르게 적응하며 생존할 수 있는 역량입니다.

지금과 완전히 다른 세상을 살아갈 아이들은 새로운 세상의 탐험가, 기업가가 되어야 합니다. 그게 아이들에게 필요한 역량입니다. 특히, 여기서 언급한 기업가를 전문 경영인, 스타트업 창업가로 오해하지 않으시기를 바랍니다. 기업가는 자신이 추구하는 목적을 세우고, 그에 맞는 목표를 만들며, 그 목표를 이루기 위한 창의적, 도전적 작업을 실행하는 주체적 존재를 의미합니다.

주체적 존재가 되기 위해 아이가 다양한 분야를 탐험하고, 그 과정에서 도전하고 실패하며, 다시 일어서기를 반복하도록 지원하고 격려하는 역할이 부모의 몫입니다. 안정된 길, 부모가 아는 길, 부모의 눈으로 보이는 길로만 가도록 아이를 이끈다면, 이는 아이의 탐험, 도전, 실패, 일어서기 기회를 빼앗는 양육 방법입니다.

그러면 어떻게 아이에게 탐험, 도전, 실패, 일어서기의 경험을 줄 수 있을까요? 어디서 무엇을 찾아서, 어떻게 할지에 관한 정보, 기회는 이미 주변에 널려있습니다. 문제는 그런 경험의 중요성을 인식하고, 행동하는 실천력입니다. 이런 인식 변화와 행동은 부모의 말이나 교육 기관의 커리큘럼을 통해 이뤄지지 않습니다.

부모가 삶을 통해 아이에게 보여줘야 합니다. 길어진 생애주기, 급변하는 사회적 관계와 행동 속에서 부모 세대도 끝없이 자신의 성장과 사회적 역할을 고민해야 합니다. 따라서, 아이보다 먼저 부모가 그런 경험을 향해 몸을 던졌으면 합니다. 새로운 세상이 열리고 있음을 받아들이고, 탐험, 도전, 실패, 일어서기를 부모가 먼저 실행하

AI × 인간지능의 시대

며 경험했으면 합니다, 그러면 아이는 곁에서 부모를 통해 배우게 됩니다. 아이에게 부모가 보여주는 삶의 여정보다 더 큰 가르침은 없습니다.

둘째, 철학적 사고 역량을 키워주기를 바랍니다. 언어학자 촘스키는 인간은 태어날 때부터 내재화된 보편 문법universal grammar을 갖고 있다고 주장했습니다. 그렇기에 결정적 시기가 되면 자연스레 언어를 학습하게 된다는 주장입니다. 촘스키가 주장한 보편 문법과 유사한 맥락으로 '보편 도덕 문법universal moral grammar'을 주장한 이도 있습니다. 조지타운 법학 대학교의 존 미하일은 인간에게는 보편 도덕 문법이 있어서 스스로 타고난 도덕 판단 규칙을 갖고 있다고 했습니다. 다음 세대도 그들에게 내재된 보편 도덕 문법을 통해 완전히 새로운 세상의 규칙, 윤리, 철학을 세워가리라 믿습니다. 그러나 그 과정이 그리 쉽지는 않으리라 예상합니다.

후속 세대에게 가장 중요한 역량은 새로운 기술을 빨리 습득하는 능력, 그 기술을 비즈니스에 효율적으로 접목하는 능력이 아닙니다. 새로운 기술은 기존 기술과 충돌합니다. 새로운 기술을 통해 서로 다른 문화가 복잡하게 섞이는 상황에서 서로의 전통이 상충하는 현상이 나타납니다. 새로운 기술로 인해 변하는 사회 시스템과 산업 지형은 다양한 불균형과 사회적 갈등을 초래합니다.

예를 들어, 신석기 시대에 농업이 부상하면서 사회 조직이 변화하고 더 복잡한 사회가 출현하면서 재산, 부의 분배, 거버넌스에 관한 의문이 제기되었습니다. 마찬가지로 산업 혁명은 노동 조건, 경제적 불평등, 경제 활동을 규제하는 국가의 역할에 관한 우려를 불러일으켰습니다. 후속 세대는 그들이 마주하는 기회의 크기만큼이나 거대한 볼확실성과 마주해야 합니다. 미하일이 주장했던 보편 도덕 문법만으로 새로운 세상의 불확실성과 마주하며, 사회의 틀을 바로잡기는 쉽지 않습니다.

자신의 삶을 온전히 이해할 수 있는 사고 역량, 철학적 사고 역량을 후속 세대에게 남겨줬으면 합니다. 모든 것이 상충하는 불확실성의 시대에 문제의 본질을 파악하는 비판적 사고력, 인간 행동의 잠재적 결과를 예측하는 윤리적 의사 결정 능력, 모든 존재를 존중하고 열린 대화를 촉진하는 개방적 사고, 실존적 질문에 천착하고 의미를 놓치지 않는 목적의식, 이 모든 것의 기반은 철학적 사고 역량입니다.

창작 :
'웰컴투 삼달리'에 송해 선생님이?

2023년 12월 2일부터 2024년 1월 21일까지 JTBC에서 방영했던 16부작 드라마, '웰컴투 삼달리'는 상당히 큰 화제를 불러일으켰는데요. 바로 1회 첫 장면에 '전국노래자랑'의 국민 MC인 고故 송해 선생님이 등장했기 때문입니다.

많은 시청자가 과거 방송 장면을 합성한 것이라고 생각했는데, 이는 반은 맞고 반은 틀렸습니다. 해당 장면은 '전국노래자랑'의 과거 영상을 모아 AI를 학습시켜 딥페이크 기술로 만들어낸 장면이었기 때문입니다.

딥페이크는 컴퓨터가 스스로 외부 데이터를 조합하고 분석하는 딥러닝을 활용해서 기존 인물의 얼굴이나 특정 부위를 합성하는 기술을 의미합니다. 그리고 이 딥페이크 장면은 점점 드라마에도 활용되고 있습니다.

앞서 얘기한 '웰컴투 삼달리'만이 아니라 넷플릭스에서 제작한

'살인자ㅇ난감'에서는 주인공인 손석구의 어린 시절 모습을 딥페이크 기술로 만들어 아역 배우의 연기 위에 이미지를 입혔습니다. 또한, KBS 드라마 '고려 거란 전쟁'에서는 귀주대첩 등의 대규모 전투에서 딥페이크 기술과 혼합 현실 스튜디오 기술을 활용해 수많은 병력을 만들어 냈습니다.

즉, '웰컴투 삼달리'에서는 '살아 있었지만 이제는 죽은 사람'을, '살인자ㅇ난감'에서는 '존재했었지만 이제는 없는 사람'을, '고려 거란 전쟁'에서는 '여기에도 있고 저기에도 있는 사람'을 만들어 냈습니다.

이 같은 일은 2019년에 미국 플로리다주 세인트피터즈버그에서도 일어났습니다. 이곳에 위치한 달리 박물관은 딥페이크 기술을 활용해서 관람객이 달리와 만날 수 있게 했습니다. '달리의 삶'이라고 명명된 이 전시는 광고 대행사인 굿바이, GS&P가 추진한 프로젝트입니다.

프로젝트팀은 달리의 사망 전 모습을 담은 6,000개 이상의 영상물을 활용해서 AI를 학습시켰습니다. 그런 다음, 달리와 신체 비율이 유사한 배우의 얼굴에 표정을 입히고, 프랑스어, 스페인어, 영어가 섞인 특유의 억양까지 흉내내도록 했습니다. 자판기처럼 커다란 조형물에 관람객이 다가가면 달리와 얼굴을 마주하고 대화할 수 있는데, 대략 45분에 걸쳐서 20만 가지 이상으로 조합된 대화가 가능합니다.

이 전시는 마지막 부분이 재미났습니다. 달리는 관람객에게 셀카를 찍자고 제안합니다. 관람객이 셀카를 찍듯이 돌아서면 사진을 찍어서 스마트폰으로 보내주는 방식이었습니다. 달리가 세상을 떠난 1989년에는 태어나지도 않았을 젊은 관람객들이 달리와 만나 그의 삶과 작품에 관해 소통하는 순간이었습니다.

이런 방식의 시도에 대해 대중은 윤리적, 법률적 문제점을 언급하는 경우가 많습니다. 이런 부분을 의식했는지 달리 박물관의 관장인 행크 하인은 해당 전시에 관해 설명할 때 윤리와 법률에 관한 언급을 피하는 눈치였습니다. 그리고 "한 인간으로서 이 사람에게 공감할 수 있다면 훨씬 더 직접적이고 열정적으로 작품에 공감할 수 있다."라고 '달리의 삶'에 담긴 의미를 정리했습니다.

'달리의 삶'을 경험한 관람객은 "진짜로 달리와 대화하는 듯 살아 있는 경험이었다.", "혁신적 기술을 활용한 미래의 교육 도구로 이러한 모델이 사용될 수 있으리라 기대한다." 등의 반응을 보였습니다.

출처 : Museum of Jewish Heritage

'증언의 차원Dimensions in Testimony'이라는 전시도 있습니다. 이 전시는 유대인 홀로코스트 생존자의 기억을 후세에 전하기 위해 서던캘리포니아대학교에서 제작한 콘텐츠입니다. 일리노이 홀로코스트 박물관 및 교육 센터, 뉴욕의 유대인 유산 박물관, 뉴올리언스의 국립 제2차 세계대전 박물관 등 전 세계의 박물관과 문화 기관에서 함께 진행되었는데요. 상호작용이 가능한 조형물을 통해 관람객에게 홀로코스트의 참상을 목격한 이들과 대화하는 경험을 제공했습니다. AI와 실감 현실 기술을 활용해서 과거의 인간이 현재의 인간과 대화하고 공감할 수 있도록 했다는 점에서 '달리의 삶'과 유사합니다. 역사적 사건에 딥페이크 인간을 등장시켜서 관람객의 정서적 반응을 불러일으키는 데 효과적이었습니다.

이 같은 기술은 예술 분야에서도 활용되었는데, '넥스트 렘브란트'를 예시로 들 수 있습니다. 이 프로젝트는 AI와 3D 프린팅 기술을 활용했습니다. ING은행, 마이크로소프트, 델프트공과대학교 등이 참여하여 캔버스에 칠해지는 물감의 높이와 질감까지 네덜란드의 화가 렘브란트를 모방해서 초상화를 그리는 시스템을 창조했습니다.

'넥스트 렘브란트' 프로젝트에 참여한 이들은 이런 말을 남겼습니다. "우리의 목표는 렘브란트처럼 작동하는 기계를 만드는 것이었다. 무엇이 명작을 명작으로 만드는지 더 잘 이해할 수 있을 것이다. 그러나 우리가 렘브란트를 대체할 수는 없을 것 같다. 렘브란트는 유일무이하다."

'달리의 삶', '증원의 차원', '넥스트 렘브란트' 등을 소개하면, 청중이나 학생은 보통 이런 의문을 던집니다.

"죽은 이를 살려내서 후세가 이용하는 게 윤리적으로 괜찮다고 생각하나요?"

저는 이 질문 자체가 매우 흥미롭습니다. '살려내서'라는 표현이 그렇습니다. 질문자는 달리가 홀로그램을 통해 살아났다고 표현합니다. 또한, '넥스트 렘브란트'를 창조한 팀조차 자신들이 렘브란트를 대체할 무언가를 만들지는 않았다고 설명했으나, 일부 제3자의 눈에는 이 상황을 렘브란트가 살아난 것으로 인식하고 있습니다. 그래서 저는 질문을 던진 이에게 묻습니다.

"그 질문에 답하기 전에 한 가지 궁금한 부분이 있습니다. 말꼬리를 잡아서 논쟁하려는 의도는 전혀 없습니다. 질문하신 내용 중에 '살려내서'라는 표현이 흥미로운데, 살아있음을 어떻게 정의하거나 판단할 수 있을까요?"

이 질문에 관한 의학적 답은 명확합니다. 호흡, 심장 박동, 뇌파 등 생물학적 기능이 제대로 작동하는가를 놓고 판단합니다. 그러나 제게 질문을 받은 청중 중 그 누구도 생물학적 기능을 놓고 답변하지는 않았습니다. 즉, 인간은 "살아있음을 어떻게 정의하거나 판단할 수 있을까요?"라는 질문을 놓고, 생물학적 작동 여부 이외의 무언가가 존재함에 잠정적으로 동의하고 있다고 생각합니다.

앞서 얘기한 고故 송해 선생님의 예 또한 이를 뒷받침할 수 있는 증거가 되기에 충분합니다. '웰컴투 삼달리'의 제작진은 고故 송해 선생님의 유족과 1년 가까이 소통하면서 해당 장면의 의도와 제작 장면을 설명했다고 합니다. 그리고 테스트 영상을 사전에 공유하며 감사의 마음을 전했다고도 합니다.

딥페이크 기술을 단지 죽은 사람의 사진이나 영상을 활용하여 이미지를 만들어 내는 것이라고 생각한다면 매우 무의미한 시간낭비였을 것입니다. 하지만 앞서 말했듯 인간이 살아있음을 정의하는 것은 단순한 생물학적 작동 여부가 아니므로 제작진이 이 같은 과정을 거친 것입니다.

"조상들의 입에서 얻어들은 이야기를 통해 죽은 자들의 시간, 선조들의 시간이라는 역사적 과거와 기억 사이에 다리가 놓이고 그 기억들의 고리를 거슬러 올라가 역사의 연속선상에서 보게 되면, '나'와 관련이 없었던 '너'였던 선조들이 '우리'라는 관계로 변하게 된다."

이는 프랑스 철학자 폴 리쾨르가 역사와 집단적 정체성의 관계를 얘기하는 부분입니다. 인류는 어떤 형태로든, 어떤 방법으로든 과거의 인간, 현재의 인간, 미래의 인간 간의 정신을 연결하고자 했습니다.

폴 리쾨르가 언급한 '얻어들은 이야기의 시대'는 AI, 메타버스 등을 활용해 달리, 렘브란트를 '만나는 시대'로 확장되고 있습니다.

오늘날 인류가 탄생시킨 각종 기술은 본질적으로 폴 리쾨르가 언급한 '다리'와 같습니다.

고敊 송해 선생님, 달리, 렘브란트, 홀로코스트의 목격자는 생물학적으로 이미 사망하여 소멸했고, 현재 시간, 공간에 존재하지 않습니다. 그러나 AI 기술을 통해 시공간을 넘어서서 현세대와 만납니다. 폴 리쾨르가 언급한 '언어들은 이야기의 시대'가 '만나는 시대'로 진화하고 있습니다. AI가 새로운 정신의 '다리'를 놓고 있는 셈입니다.

AI를 통해 인간지능을 확장하는 시대에서 창작에는 한계가 없습니다. 물리적, 생물학적 제약을 초월한 창작의 시대를 향해 우리는 걸어가고 있습니다.

AI 시대,
내 미래를 디자인하는 지혜

인간의 성향을 16가지로
구분할 수 있다? 그게 왜?

"너 MBTI가 뭐야?"

처음 만난 사람과 대화의 물꼬를 트기 위해 많은 이들이 던지는 질문입니다. 이를 시작으로 여러 대화를 나누며 친해지게 된다면 나쁠 것도 없습니다. 하지만 그 이유만으로 이 질문이 꽤 무례하며, 때로는 아주 위험할 수 있다는 사실이 사라지진 않습니다. 왜냐하면 이 질문의 밑바닥에는 다음과 같은 생각이 깔려있기 때문입니다.

"나는 네가 어떤 사람인지 모르겠어. 그런데 시간을 들여 알아가기는 귀찮아. 그러니까 내가 시간을 들여서 네가 어떤 사람인지 알아볼 가치나 필요가 있는지를 알려줘."

물론 '나는 아무 생각 없이 물어본 건데.'라거나 '그냥 재미로 물어본 건데.'라고 반문할 수도 있습니다. 하지만 사람은 '정말로 아무 생각 없이' 말하는 경우는 없을뿐더러 그래서도 안 됩니다. 또한, 재미로 말할 수 있는 것은 있어도 재미로 물어볼 수 있는 것은 없습니

AI × 인간지능의 시대

다. 전자는 나에 관한 말이지만, 후자는 상대에 관한 말이기 때문입니다.

그렇다면 어째서 많은 사람이 'MBTI 유형'에 관한 질문을 주고받게 된 것일까요? 이는 '정신적 에너지를 급속도로 소비하는 세상에서 정신적 에너지의 가성비를 극단적으로 추구하게 된 결과'라고 생각합니다.

현재는 인간관계를 맺는 것조차 피곤하다며 '관계'와 '권태기'를 합친 '관태기'라는 단어를 만들어낼 만큼, 지쳐버린 사람들이 많은 상태입니다. 이는 단순히 몸의 피로 때문만은 아닙니다. 오히려 몸의 피로보다 정신의 피로가 더 큰 탓입니다. '사무실에 앉아서 일할 때보다 택배 상하차를 하는 게 훨씬 마음이 편하다.'라고 할 정도로 현대인의 정신적 피로는 상당합니다. 거의 대부분의 정신적 에너지를 일과 일 때문에 관계하는 사람 간 관계에 쏟아붓게 되니 정작 본인을 위해 쓸 에너지가 부족하게 된 것입니다. 그래서 다른 사람을 천천히 알아가는 것조차 피곤하므로 제대로 알기보다는 제대로 알아야 할 만큼 가치 있거나 필요한 사람인지를 알아보려고 하는 것입니다. A형, B형, O형, AB형의 ABO식 혈액형 유형으로 사람 성격을 나누던 사람들이 이제는 그 4배인 16가지 MBTI 성격 유형으로 사람 성격을 나누는 것입니다.

하지만 우리가 꼭 기억해야 할 것이 있습니다.

'개인 분석 도구'는 무엇을 분석하는 것이든 '너 자신'이 아니라 '나 자신'을 알기 위해 사용하는 것입니다. MBTI처럼 성격을 분석하든, MMPI미네소타 다면적 인성 검사처럼 정신건강 상태를 분석하든, 하다

못해 웩슬러 지능검사처럼 지능을 분석하든 그건 전부 '나 자신'을 조금 더 체계적으로 알기 위한 것입니다. 그 점을 고려하지 않고 다른 사람의 분석 결과를 캐묻고 '이 사람은 이런 사람이구나.'라고 지레짐작하는 것은 상대에게도, 나 자신에게도 해로울 뿐입니다.

또한, 어떤 분석 도구든 결과가 나왔을 때, '이 결과는 100% 정답입니다.'라고 해석하면 안 됩니다. '이 같은 기준을 활용해서 이 같은 결과를 이끌어냈습니다. 하지만 다른 가능성이 없는 것은 아닙니다.'라고 해석해야 합니다.

예를 들면, MBTI에서 '당신은 I 성향의 사람입니다.'라는 말을 들었다고 해서 그 사람이 '외향성이 0'인 것은 아닌 것과 마찬가지입니다. 분석 도구 결과에 집착하면 그 외의 가능성을 떠올리지 못하게 되므로 결과는 참고하되 매몰되지는 않아야 합니다.

이 장에서 소개할 도구도 마찬가지입니다. 앞으로 SWOT, BCG 매트릭스, STAR, GEM, 이렇게 4가지 분석 및 디자인 도구와 AI 리스크 관리 평가 도구인 SAFETY에 대해 설명해드릴 텐데요.

이 도구는 당신이 현재를 바라보고, 미래를 디자인하는 데 필요한 일부 요소일 뿐입니다. 사고의 틀을 잡기 위한 첫걸음입니다. 이 도구로 인해 당신의 사고가 고착되지는 않았으면 합니다. 이 도구를 활용해서 AI 시대의 사고 방법, 인간지능을 확장하는 방법에 눈을 뜬다면, 그 다음에는 당신만의 방법으로 당신의 길을 확장하기를 바랍니다. 그 길에서 당신만의 고유성, 당신만의 특별함을 찾으리라 기대합니다. 그게 인류가 AI를 만들고 곁에 둔 이유입니다.

휴먼, 당신 역량을 분석해보니, 이렇습니다

SWOT를 활용한 인간 역량 분석

SWOT라는 분석 도구가 있습니다. 이는 기업의 내외부 환경과 강약점을 분석하여 앞으로의 방향성을 잡는 데 주로 쓰입니다. SWOT는 강점Strengths, 약점Weaknesses, 기회Opportunities, 위협Threats의 첫 글자만 따서 만들어진 단어입니다.

강점은 자신이 보유한 자원, 역량 중에서 상대적으로 경쟁력이 높은 요소를 의미합니다.

약점은 핵심 역량에서 부족한 요소 또는 존재하는 핵심 역량을 제대로 활용하지 못 하는 부분을 의미합니다.

기회는 외부에서 발생하는 환경적 요인으로, 적절히 대응하면 성장에 긍정적 영향을 주는 조건을 의미합니다.

위협은 외부에서 발생하는 환경적 요인으로, 적절히 대응하지 못하면 성장에 악영향을 가져오는 조건을 의미합니다.

SWOT은 본래 기업에서 활용하는 분석 도구이지만, 여기에서는 인간의 역량을 분석해 보도록 하겠습니다. AI가 급진하는 환경에서 SWOT로 표현할 수 있는 인간 역량은 다음과 같습니다.

SWOT로 표현한 인간 역량

강점(Strengths)
창의성과 혁신
감성 지능과 인간적 상호작용
윤리적 판단과 가치 기반 결정

약점(Weaknesses)
AI 대비 데이터 분석 및 처리 속도 느림
루틴 및 반복 작업에 대한 인내심 부족

기회(Opportunities)
AI와의 협업을 통한 역량 강화 가능성
강력하고 저렴한 AI 도구의 보편화

위협(Threats)
AI에 의한 일자리 대체
빠르게 변화하는 기술 환경으로 인한 적응 부담

표에서 제시한 인간의 강점을 좀 더 살펴보겠습니다. 특히 최근 들어 AI가 그림, 음악, 영상을 자유자재로 만들어내면서 창의성이 인간의 고유 역량인지에 대해 의문을 제기하는 이들이 적잖습니다. 저는 이에 대해 다음과 같이 생각합니다. 인간의 예술은 개인의 경험, 복잡한 감정, 사상에서 기인합니다. 이러한 감성의 깊이는 인간 예술가가 창조하는 작품에 생명을 불어넣으며, 이는 AI가 단순히 데이터와 알고리즘을 통해 재현할 수 있는 것이 아닙니다. 또한, 창작자로서 인간은 자신의 작품이 사회에 미칠 영향을 윤리적으로 고민하며, 이러한 책임감은 AI가 가질 수 없는 영역입니다.

감성 지능 영역을 보면 AI가 인간의 감정을 분석해서 분류할 수는 있으나, 자체적으로 감정을 느끼지는 못합니다. 또한, 본질적으로 같은 존재, 즉 인간이라는 동질성을 확보할 수는 없기에 인간 간의 교감을 AI가 재현하기는 어렵습니다. 예를 들어, 혼자 사는 이를 위로하는 말동무 AI 로봇이 있다고 가정합시다. 그 로봇은 인간의 말, 표정, 몸짓 등을 감지하고 패턴 분석을 통해 어떤 감정 상태인지 판단합니다. 그리고 그에 맞는 적절한 피드백, 대화를 해줍니다. 얼핏 보면 이런 상호작용을 통해 사람이 위로받을 수도 있겠습니다. 그러나 이런 위로는 다른 사람과의 교감을 통한 위로와는 결이 다릅니다. 따라서 현 시점에서는 인간과 AI를 놓고 SWOT을 제시했으나, 시간의 흐름과 함께 SWOT 내용 자체도 변화하리라 짐작합니다.

앞의 표와 같이 2×2 매트릭스 형태로 디자인된 인간의 SWOT을 놓고 전략을 제시해보겠습니다. 강점과 기회가 만나는 지점에는 강점을 이용해서 기회를 포착하는 전략, 약점과 기회가 만나는 지점에는 기회를 이용해서 약점을 극복하는 전략을 고안합니다. 강점과 위협이 만나는 지점에는 강점을 이용해서 위협을 극복하는 전략, 약점과 위협이 만나는 지점에는 약점을 최소화하면서 위협을 회피하는 전략을 수립하고요. 그렇게 보면 다음 표와 같이 앞으로의 전략을 세울 수 있습니다.

SWOT를 활용하여 전략 세우기(예시)

SO 전략 강점을 이용한 기회의 활용	WO 전략 기회를 활용한 약점 극복
• AI와 협력하여 새로운 예술 형식, 기술, 제품 개발 • 인간의 상상력과 감성을 활용한 차별화된 콘텐트 제작 • AI가 부족한 감성적 연결을 제공하는 서비스 개발(교육, 상담, 치료 등) • 인간 중심의 디자인 및 경험 제공을 통한 고객 만족도 향상 • 온라인 플랫폼에서도 인간적 상호작용을 강화하는 기술 개발 • AI 윤리 가이드라인 및 규제 개발 및 참여 • 인간 중심의 가치, 인간다움을 반영하는 AI 알고리즘 설계	• AI 도구를 활용하여 빅데이터 분석 • AI가 제시한 데이터를 놓고 의사 결정자 입장에서 판단하는 훈련 • AI를 통해 루틴 작업 자동화하여 인간의 시간과 노력을 절약하고, 다른 기회를 탐색 • 창의적이고 전략적인 작업에 집중할 수 있도록 환경 조성
• AI가 대체할 수 없는 인간 고유 역량 자체를 현재보다 더욱더 강화(창의성, 감성 지능, 윤리적 판단 등)	• 사회적 논의를 통해 AI가 대체하면 안될 인간의 역할을 정리 • 지속적인 학습 시스템 조성 • 변화에 대한 유연성과 적응력을 키우는 훈련
ST 전략 강점을 활용한 위협 대응	WT 전략 약점 최소화 및 위협 방지

　전략의 예를 하나 들어 보겠습니다. 강점을 이용해서 기회를 활용하는 SO 전략을 사용한다면 AI와 협력하여 새로운 예술 형식을 창조할 수도 있습니다. 예를 들어, 2022년 11월 19일 미국 뉴욕의 MoMA 미술관에서는 독특한 그림을 소개하였는데요. 바로 레픽 아나돌Refik Anadol이 AI를 활용하여 만든 그림입니다.

　'Unsupervised'라는 제목의 그림은 MoMA 미술관 콜렉션의 약 140,000개 작품을 해석, 재가공하는 AI로 만들어졌습니다. 즉, 캔버스에 정지된 순간만 그려냈던 과거의 예술에서 벗어나 디스플레이에 계속해서 변화하는 순간을 실시간으로 그려내는 현대의 예술이 시작된 것입니다.

　'Unsupervised'는 형태가 고정되어 있지 않고 계속 변화합니다. 수없이 많은 그림이 뒤섞여 있으면서도, 그 무엇과도 똑같은 모습을 그려내지 않습니다. 지금까지의 그림은 1차원의 점을 모아, 2차원의 선을 그리고, 3차원의 공간을 표현할 수는 있었습니다. 하지만 4차원의 시간만은 표현할 수 없었습니다. AI는 그토록 오랫동안 정지되어 있던 그림에 시간을 덧그린 것입니다.

아직 모든 의문에 해답이 나온 것은 아닙니다. 'AI를 활용하여 만든 그림이 정말 인간이 그린 그림과 같은 수준의 그림인가?', 'AI를 활용하여 만든 그림에 예술성이 있는가?', '저작권 문제는 어떻게 해결해야 하는가?' 이 같은 의문에 모두가 납득할 수 있는 공통된 해답은 없습니다. 다만 'Unsupervised'가 MoMA 미술관에 전시된 것이 의문에 대한 해답으로 나아가는 작고도 큰 한 걸음일지도 모르겠습니다.

SWOT를 활용한 전략 중 또 하나의 예를 들어보겠습니다. 강점을 활용하여 위협에 대응하는 ST 전략을 사용한다면 AI가 대체할 수 없는 인간 고유 역량 자체를 현재보다 더 강화할 수 있습니다. AI가 대체할 수 없는 인간 고유 역량은 창의성, 감성 지능, 윤리적 판단 등인데요. 간단히 설명하자면 '마음'이라고 표현할 수 있습니다. 즉, 지식이 아닌 상상과 감정의 영역입니다. 인간은 상상을 할 수 있기에 창의적이고, 내 감정을 토대로 다른 사람의 감정을 상상할 수 있기에 감성적이고, 감정이 존재하기에 윤리적인 판단을 할 수 있습니다.

그리고 이 고유 역량은 정신적 여유가 없으면 활용하기 어렵습니다. 지금 당장 과로에 시달리는 상태로는 창의성을 발휘하기도 어렵고, 다른 사람의 마음을 보듬어주기도 어렵고, 윤리적인 판단을 하기도 어렵습니다. 당장 내 삶이 팍팍하면 사고가 좁아지고 남은 물론이거니와 나 자신을 챙기기도 힘들기 때문입니다.

지금까지의 시대는 집단주의 경향이 컸으므로 직무 환경 또한 조직 내 개인의 정신적 여유를 소모시키는 경우가 잦았습니다. 집단의 목표를 위한 개인의 희생이 당연하였기에 집단이 개인을 챙기지 않고, 개인도 그에 저항하는 경우가 적었습니다. 하지만 개인주의 문화가 정착하고 있는 현대에는 과거의 방식을 유지할 수 없습니다. 예전처럼 개인의 감정을 무시하는 조직은 살아남기 힘들게 되었습니다.

AI를 활용하여 복잡한 업무를 단시간에 끝내고, 개인이 '집단을 위한 나'보다 '나를 위해주는 집단'을 찾아가는 개인주의 시대에서 인간은 감정 교류에 더 집중하게 됩니다. 그리고 수요와 함께 공급이 늘어나서 감정 교류와 관련한 산업이 발달할 것입니다.

구성원이 상대의 감정을 읽어내는 능력과 조직 생산성의 관련성에 대한 흥미로운 실험이 하나 있습니다. 실험에서는 272명의 피실험자에게 사람들의 눈 사진을 보여주고, 복잡한 감정 상태를 평가하는 RME Reading the Mind in the Eyes 테스트를 실시했습니다. 그리고 피실험자를 68개의 그룹으로 나눠서 서로 협력하는 작업을 부여했습니다. 또한, 사진을 통해 상대의 복잡한 감정을 잘 읽어내는 참가자가 타인과의 협력에서 높은 성과를 내는지 분석했습니다.

실험 결과는 상당히 놀라웠습니다. 실제로 복잡한 감정을 잘 간파하는 사람의 업무 성과가 높게 나타난 것입니다. 흥미로운 점은 대면 업무만이 아니라, 디지털 기기를 활용해서 원격으로 협력하는 업무에서도 마찬가지였다는 것입니다. 타인의 감정을 이해하는 능력이 뛰어나면 꼭 마주보고 있는 상태가 아니어도 상대의 마음을 잘 읽고 자신의 행동을 잘 결정한다는 뜻입니다.

이 같은 결과를 토대로 조직을 개편한다면 구성원이 서로의 감정을 잘 읽을 수 있도록 훈련시키거나, 디지털 기기를 활용해서 감정을 읽는 능력을 증강시켜줄 수도 있습니다. 그만큼 감정은 조직에서 주요 관리 요소이자 주요 자원이 될 것입니다.

BCG 매트릭스를 활용한 인간 역량 분석

인간 역량을 분석할 수 있는 도구는 또 하나 있습니다. 바로 BCG 매트릭스인데요. BCG 매트릭스로 표현할 수 있는 인간 역량은 다음과 같습니다.

BCG 매트릭스로 표현한 인간 역량

별 (Stars)
높은 시장 수요, 높은 인간의 경쟁력
예 창의성, 혁신적 문제 해결, 감성 지능

문제아 (Question Marks)
높은 시장 수요, 낮은 인간의 경쟁력
예 대규모 데이터 분석, 고도의 기술

현금 소 (Cash Cows)
낮은 시장 수요, 높은 인간의 경쟁력
예 전통적인 리더십, 관리 기술

개 (Dogs)
낮은 시장 수요, 낮은 인간의 경쟁력
예 루틴 및 반복적인 수작업

BCG 매트릭스는 1970년대 초반에 보스턴컨설팅그룹Boston Consulting Group에서 만든 사업포트폴리오 분석 기법인데요. 사업을 '시장점유율'과 '시장성장률'로 구분해 분석하지만, 여기에서는 '시장 경쟁력'과 '시장 수요'로 구분해 분석하였습니다.

간단하게 분석하면 별Stars은 현대 시장에서 수요가 높고, 인간이 AI보다 경쟁력 있는 분야입니다. 창의성, 혁신적 문제 해결, 감성 지능 등을 예로 들 수 있겠습니다. 이는 현대 시장에서 크게 요구되는 역량이지만, AI는 가질 수 없는 역량입니다. 별은 수요가 높고 AI보다 경쟁력 있는 분야이므로 지속적인 발전이 필요합니다.

현금 소Cash Cows는 현대 시장에서 수요는 낮은 편이지만, 인간이 AI보다 경쟁력 있는 분야입니다. 예로는 전통적인 리더십, 관리 기술 등이 있습니다. 여기서 핵심은 '전통적'이라는 데 있습니다. AI와 자동화 기술의 발전으로 단순 지시, 보고 관리, 데이터 분석 등의 업무는 자동화되고 있습니다. 시장 환경이 급변하고, 경영 이슈가 복잡해지면서, 과거의 경험과 지식만으로는 해결하기 어려워지는 요소가 증가하고 있습니다. 나이든 리더의 '나 때는 말이야~.'가 안 통한다는 의미입니다.

세대 간의 커뮤니케이션 특성, 개인적 성향 등에서 큰 차이가 나타나면서, 협업, 소통, 변화 관리, 혁신 촉진 등 여러 영역에서 새로운 리더십이 요구되고 있습니다. 일례로, 10년~20년 전까지는 조직 내에서 20~40대가 서로 큰 문화적 충돌 없이 일하곤 했습니다. 그래서 40대 리더가 조직 전체를 통솔하기가 비교적 용이했습니다. 그런데 최근 들어, 20대와 30대 구성원이 조직 내에서 큰 갈등을 겪는 경우가 많습니다. 왜 그럴까요? 몇 가지 이유만 간단히 살펴보겠습니다. 20대는 대체로 '디지털 네이티브Digital Natives' 세대로 분류되며, 태어날 때부터 인터넷과 스마트폰 같은 디지털 기술이 일상생활의 일부로 자리 잡고 있습니다. 반면, 많은 30대는 '디지털 이민자Digital Immigrants'로, 디지털 기술이 보편화되기 시작하는 시기에 성장했습니다. 따라서 20대와 30대 사이에 기술사용에 대한 접근 방식과 이해도에서 차이가 발생할 수 있으며, 이는 업무 스타일과 의사소통 방식에서의 차이로 이어집니다. 또한, 사회 변화가 빠른 시기여서 사회적 가치와 개인의 기대치에도 두 집단 간 차이가 적잖습니다.

문제아Question Marks는 현대 시장에서 수요가 높지만, AI가 인간보다 경쟁력 있는 분야입니다. 예로는 대규모 데이터 분석, 고도의 기술 등이 있습니다. 이는 수없이 많은 데이터를 정확하게 분석하거나 초정밀 작업을 해야 하는 일이 많은 현대 시장에서 크게 요구되는 역량이지만, 사람이 AI보다 뛰어난 경쟁력을 가질 수 없는 역량이기도 합니다. 그래도 시장에서의 수요가 높은 역량이므로 무작정 손을 놓고 발전시키지 않는 것은 현명한 선택이 아닙니다.

개Dogs는 현대 시장에서의 수요도 낮고, AI가 인간보다 경쟁력 있는 분야입니다. 예로는 루틴 및 반복적인 수작업 등이 있습니다. 이미 AI와 기계를 통해 자동화가 이루어진 제조업 분야의 역량입니다. 따라서 시장 수요도 낮고, 사람이 AI와 경쟁해서 이길 수 있는 분야가 아닙니다.

인간의 인지 과정

우리는 앞서 SWOT와 BCG 매트릭스를 통해 인간 역량을 분석해 보았습니다. 그렇다면 인간은 어떠한 과정을 거쳐 이 같은 역량을 활용할 수 있을까요?

인간의 인지 과정과 관련하여 사회적 행동이 발생하는 흐름을 정리하면 다음과 같은 단계로 나눌 수 있습니다. 이 흐름은 인간이 정보를 받아들이고, 처리하며, 그에 따라 행동하는 과정을 보여줍니다.

인간의 인지 과정 흐름도

1단계
자극의 인지

감각 수용
외부 환경에서 오는 자극을 감각 기관을 통해 수용합니다. 예를 들어, 시각적, 청각적, 촉각적 정보 등이 여기에 해당합니다.

주의 집중
특정 자극에 대해 주의를 집중합니다. 이는 정보 처리 과정에서 선택적 필터링 역할을 합니다.

2단계
정보 처리

인식
감각 정보를 뇌가 해석하고 인식하는 과정입니다. 이는 경험, 기억, 기대 등에 의해 영향을 받습니다.

해석 및 평가
수집된 정보를 개인의 가치관, 신념, 과거 경험과 대조하여 해석하고 평가합니다.

감정적 반응

특정 상황이나 자극에 대한 감정적 반응이 발생합니다. 감정은 행동의 방향성을 결정하는 중요한 요소입니다.

동기부여

특정 목표에 대한 동기가 형성되며, 이는 행동을 촉진시키는 원동력이 됩니다.

의사결정

가능한 대안을 고려하고 특정 행동을 결정합니다. 이 과정에는 이성적 판단과 직관이 모두 포함될 수 있습니다.

행동 실행

결정된 행동을 실제로 실행합니다. 이는 사회적 상호작용, 커뮤니케이션, 신체적 활동 등을 포함할 수 있습니다.

피드백 처리

행동의 결과로부터 얻는 피드백을 분석합니다. 이는 긍정적이거나 부정적일 수 있습니다.

학습 및 적응

경험을 통해 학습하고, 이를 바탕으로 미래의 행동이나 결정을 조정합니다.

이 과정은 인간이 사회적 상황에서 어떻게 정보를 받아들이고, 처리하며, 반응하는지를 간략하게 보여줍니다. 인간의 사회적 행동은 복잡한 인지적 과정에 깊이 뿌리를 두고 있으며, 각 단계는 상호 연결되어 있어 이전 단계의 결과가 다음 단계에 영향을 미칩니다.

하루 정도 자신에게 발생하는 5단계를 의식적으로 살펴보면 좋습니다. 예를 들어 내가 오늘 받아들인 자극은 주로 무엇인지, 어떤 감정을 느꼈고 무엇에 흥미를 가졌는지, 새롭게 결정한 것은 무엇이고, 실제 어떤 행동으로 이어졌는지, 그런 행동에 관해 나는 어떻게 스스로 평가하는지 등입니다.

이에 대한 예시는 다음과 같습니다. 카페에서 새어나오는 커피 향을 맡고 커피를 사기까지의 과정입니다.

◦〰◦ 인간의 인지 과정 흐름도(예시)

1단계
자극의 인지

감각 수용
카페 앞을 지나가던 중에 커피 향을 맡았다.

주의 집중
커피 향이 마음에 들어 계속 맡아보았다.

2단계
정보 처리

인식
예전에 맛있게 마셨던 커피의 향이 지금 맡았던 향과 비슷했다.

해석 및 평가
이 카페의 커피는 맛있을 것 같다는 생각이 들었다.

AI × 인간지능의 시대

3단계
감정 및
동기부여

감정적 반응

예전부터 맛있는 커피를 마시면 기분이 좋았다.

동기부여

이 카페의 커피를 마시고 싶어졌다.

4단계
결정 및 행동

의사결정

지금은 산책 중이었으므로 커피를 한 잔 마실 만한 여유 시간이 존재한다.

행동 실행

카페에 들어가서 자리를 잡고 앉아 커피를 한 잔 주문한다.

5단계
피드백 및
학습

피드백 처리

카페 밖에서 맡은 커피 향에 걸맞게 아주 맛있는 커피를 마셨다.

학습 및 적응

다음에도 이와 비슷한 커피 향을 맡으면 한 번 들러서 커피를 마셔야겠다고 결심했다.

이런 인지과정에 AI를 접목하면 어떤 변화가 생길까요? 몇 가지만 살펴보겠습니다.

감각 수용과정에서는 향을 분석하는 기능을 탑재한 AI 스마트워치가 나보다 먼저 내가 선호하는 커피가 근처에 있음을 탐지합니다. 이후 스마트워치 알림으로 내 집중을 유도합니다.

AI는 카메라 이미지, 향 데이터, 소비 기록 등을 기반으로 현재 커피의 종류, 맛, 품질 등을 분석합니다. 그리고 나의 과거 감정 데이터를 분석하여 지금 이 커피를 마신다면 어떤 음악이 어울릴지 골라서 내 무선 이어폰으로 송출합니다.

내가 커피를 마신다고 결정하면, AI는 모바일 결제, 자동 주문, 배달 앱 연동 등을 통해 나를 도와줍니다. 마지막으로 AI는 내가 이번에 커피를 소비한 과정을 기반으로 향후 커피 추천, 건강관리 등의 서비스를 더욱 개인화, 최적화해서 제공합니다.

STAR :

AI를 어떻게 쓸지 모르겠다면?

인간의 개인적, 사회적 활동에 필요한 요소는 세분화하면 한없이 나눌 수 있습니다. 하지만 여기에서는 소모되는 것이냐, 소모되지 않는 것이냐는 기준을 두고 자원과 역량이라는 두 가지로 분류하였습니다.

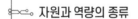 자원과 역량의 종류

자원(소모적)	역량(비소모적)
시간	지식
돈(물리적 자산 포함)	스킬(도구 활용 능력, 휴먼 스킬 포함)
지식재산	창의성
인적자원	사고력

그리고 이 두 요소를 바탕으로 인간의 활동을 4개 영역으로 나누는 프레임워크를 개발했습니다. 이 프레임워크는 다음의 표와 같습니다.

내가 자원이 부족해서 못 하는 활동

AI 활용 전략
신규 자원 투자를 최소화하며, 활동을 새롭게 시작(Start)

AI를 안 쓰는 내 현재 상태 예시
시간이 부족해서 해외 최신 사례를 빠르게 업데이트하는 활동을 꾸준히 못 하고, 가끔 몰아서 사례를 찾고 정리하고 있음

AI로 지능을 확장한 내 미래 목표 예시
AI 도구를 활용해서 최소 시간을 투자하여 해외 최신 사례(특히, 영상 매체)를 주기적으로 검색, 요약하여 정리할 수 있음

내가 자원을 투자해서 하고 있는 활동

AI 활용 전략
기존 활동의 가치를 유지하면서, 내 자원을 최대한 회수(Recover)

AI를 안 쓰는 내 현재 상태 예시
해외 논문을 주기적으로 많은 시간을 투입해서 직접 검색, 분석하고 있음

AI로 지능을 확장한 내 미래 목표 예시
AI로 내 연구 분야에 맞는 논문에 관한 검색, 분석을 자동화, 특히 나의 전문 분야와 관련성이 좀 먼 분야의 자료까지 손쉽게 정리할 수 있음

AI 활용 전략
내 역량을 넘어서는 활동을 시도(Try)

AI를 안 쓰는 내 현재 상태 예시
내 교안에 맞는 그림, 음악을 창작하지 못해서, 구글링으로 해결 중인데, 그림과 음악이 마음에 들지 않거나 저작권 침해에 관해 걱정될 때가 있음

AI로 지능을 확장한 내 미래 목표 예시
AI 도구를 통해 내 의도에 맞게 멀티미디어 콘텐트를 직접 창작해서 사용

AI 활용 전략
교육/훈련 효율화, 협업으로 내 역량을 증폭(Amplify)

AI를 안 쓰는 내 현재 상태 예시
트렌드에 맞게 MBA 과정 교안을 새롭게 개발하는 활동을 꾸준히 하고 있으나, 혼자서 하고 있어서 토론과 피드백을 통해 개선하기가 어려움

AI로 지능을 확장한 내 미래 목표 예시
AI와 토론을 통해 교안의 기본 구성, 차시별 스토리텔링까지 세세하게 피드백을 받으며 개발할 수 있어서, 결과물의 품질을 높일 수 있음

내가 역량이 부족해서 못 하는 활동

내가 역량을 투자해서 하고 있는 활동

표에서 예시한 나의 현재 상태, 나의 미래 목표는 대학원에서 학생들을 지도하고, 기술과 인간 경험에 관해 연구하는 제 현실적 상황을 담은 내용입니다.

또한, 이 프레임워크을 여러분의 머리에 넣어두기 편하게 다음 그림을 봐주시기 바랍니다.

STAR 프레임워크

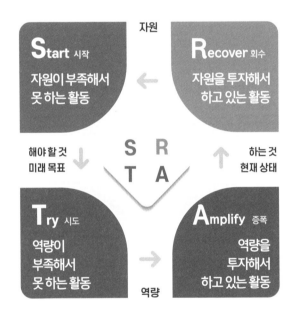

이 프레임워크의 명칭은 STAR 프레임워크입니다. 모든 인간은 별이며, AI를 통해 더 반짝이게 된다는 의미를 담았습니다. 이는 임철우 소설가가 쓴 『그 섬에 가고 싶다』에 나오는 문장에서 고안한 것입니다.

"모든 인간은 별이다. 이젠 모두들 까맣게 잊어버리고 있지만, 그래서 아무도 믿으려 하지 않고 누구 하나 기억해내려고조차 하지 않지만, 그래도 그건 여전히 진실이다."

AI는 분명 중요한 도구입니다. 하지만 AI를 통해 인간이 밀려나거나 낮아지는 일이 있어서는 안 됩니다. 우리는 인간이 도구보다 낮아졌을 때 무슨 일이 일어났는지 이미 알고 있습니다. 기계가 도입되던 산업 혁명 시대 때, 인간은 기계를 움직이기 위한 부품이 되었습니다. 그 후에도 오랫동안 조직의 부품이 되어 살았으며 그 길에서 벗어난 사람은 '잘못된 사람'이라는 평가를 받았습니다.

하지만 부품으로 살아가기 위해 태어나는 인간은 단 한 명도 없습니다. 모두 까맣게 잊어버리고, 믿으려 하지 않고, 기억해내려고도 하지 않지만, 그래도 모든 인간은 별인 것입니다. 그리고 STAR 프레임워크은 부품의 삶에서 벗어나 더 멋지고 인간다운 존재인 별이 되기 위한 나침반입니다. 과거에 지도도 없는 망망대해나 드넓은 사막을 돌아다니던 사람에게 방향을 가르쳐주던 북극성과 같은 나침반이 되었으면 하는 바람으로 STAR 프레임워크을 만들었습니다.

STAR라는 이름은 4개 dimension의 전략 앞 글자를 딴 것입니다.

S : 시작 Start

T : 시도 Try

A : 증폭 Amplify

R : 회수 Recover

제가 자문했던 기업과 개인들은 AI를 어디에 쓸까 고민할 때 공통적인 특징이 있습니다. 원래 하던 일에 AI를 도입해서 더 싸게, 좀더 빠르게 처리했으면 하는 바람으로 궁리했습니다.

일례로, 대기업 상당수가 AI를 콜센터 업무에 도입하려고 합니다. 국내만을 놓고 봐도 전자, 금융, 통신 기업들은 전국적으로 적게는 수십 개, 많게는 백 개가 넘는 콜센터를 운영하며, 고객을 응대하고 있습니다.

콜센터에 AI를 도입할 때 발생하는 일자리 변화 문제, 법률적 점검 요소 등을 빼고 비용 절감 측면만 놓고 보면, 기업에게는 꽤 매력적인 방향입니다. 이는 STAR 프레임워크에서 자원을 회수하는 R 전략에 해당합니다.

R 전략이 나쁘지 않습니다. 그런데 상당수 기업이 AI를 R 전략에 집중하고, 그다음으로 A 전략에만 집중하는 상황은 아쉽습니다. 원가 절감과 품질 향상은 우리가 산업화 과정을 거치면서 꾸준히 노력했던 부분입니다. 이런 노력이 나쁘지는 않으나 이제 한계가 느껴지기는 합니다.

제가 협업했던 제조업 분야의 모기업은 수년 전부터 해당 사업 영역에서 글로벌 1위를 차지하고 있습니다. 그 기업이 여전히 원가 절감에 가장 많은 노력을 쏟아붓고 있습니다.

그러나 원가 절감은 남들이 따라 하기 상대적으로 쉬운 영역입니다. 그 방법이 정량화되어 빠르게 퍼지기 때문입니다. 같은 제품을 만드는 세 기업이 서로 원가 절감만 놓고 다투는 상황, 이는 전통적인 경쟁 모델입니다.

STAR 프레임웍으로 기존의 경쟁을 넘어서길 바랍니다. S, T를 통해 남들과 같은 것을 놓고 다투기보다 나만의 길을 탐험하고 개척했으면 합니다. AI 시대는 전통적 방법으로 경쟁하지 않고 다른 길을 개척하는 이들이 주인공이 되는 시대입니다. AI 시대의 핵심은 경쟁력이 아니라 새로운 길을 만드는 탐험력입니다.

치킨집을 운영하는 소상공인이 STAR 프레임웍을 활용하여 AI 활용 방안을 짜려고 합니다. 4개 영역을 놓고 현재 상태, 미래 목표를 제시하려 하면 어떻게 할 수 있을까요? 그리고 STAR 프레임웍을 개인이 아니라 큰 기업에 적용한다면, 어떻게 쓰면 좋을까요?

이에 대한 자세한 내용은 이어지는 장들에서 다룰 것이지만, 다음 장들을 읽기 전에 독자께서 먼저 한 번 생각해보면 좋겠네요.

GEM :
AI로 뭘 할지 모르겠다면?

STAR 프레임웍은 인간의 개인적, 사회적 활동을 구조화하고, 이러한 활동을 AI를 활용하여 강화하는 데 중점을 둔 생각의 틀입니다. 다만, STAR 프레임웍은 '무엇'을 할지, '어떻게' 할지를 생각하는 틀이어서, 그것을 '왜' 할지, 궁극적 지향점이나 가치가 무엇인지는 파악하기 어렵습니다.

이 부분을 깊게 들여다보면, 마음이 아픕니다. 저를 포함해 제 주변의 제자, 동료, 친구 등의 삶을 살펴보면, '왜'에 관해 고민하지 않는, 고민하지 못 하는, 고민할 기회가 없는 경우가 많습니다. 전통대로, 관성대로 열심히, 어제보다 좀 더 열심히 뛰기만 하는 경우가 많다는 뜻이지요.

비전과 미션으로 나누어 생각해보기를 제안합니다. 비전은 "우리가 어디를 향하는가?"로 설명할 수 있고, 미션은 "우리가 무엇을 할 것인가?"로 설명할 수 있습니다. 조금 더 자세히 말하자면 비전은 희망하는 미래상, 먼 미래 시점의 도착점입니다. 의욕이 솟아오르게 하는 것이죠. 반대로 미션은 그 희망하는 미래상에 어떻게 도달할 것인지를 생각하게 합니다. 즉, 현재 할 일에 대한 목표입니다.

비전, 미션은 통상 기업들이 전략을 수립할 때 쓰는 틀인데, 이틀이 꼭 기업에게만 적용되지는 않습니다. 개인이나 작은 조직에도 비전, 미션을 통한 돌아보기는 꽤 중요합니다.

비전, 미션을 놓고 보면 STAR 프레임워은 미션을 파악하기 위한 틀입니다. '무엇'을 '어떻게' 해야 할지를 생각하는 데 필요하죠. 그렇다면 비전을 파악하기 위한 틀은 무엇일까요? 바로 GEM 프레임워입니다.

∞ GEM 프레임워

Gusto(열정)	좋아하는 것. 열정, 관심, 흥미를 나타냅니다.
Expertise(전문성)	잘하는 것. 장점, 소유한 역량, 좋은 기회를 나타냅니다. 이는 능력, 지식 및 경험을 포함하는 전문적인 면모를 의미합니다.
Merit(가치)	해야 하는 것. 개인적·사회적 가치, 지켜야 할 책임을 나타냅니다. 이는 개인이나 조직의 행동과 결정이 가져야 하는 도덕적·윤리적 가치, 사회적 책임, 경제적 책임을 포괄합니다.

Gusto 열정
좋아하는 것
열정, 관심, 흥미

Expertise 전문성
잘하는 것
장점, 역량, 기회

지향점

Merit 가치
해야 하는 것
개인/사회적 가치,
지켜야 할 책임

GEM 프레임웍을 그림으로 표현하면 다음과 같습니다. 이는 궁극적 지향점을 설정하고, 그것을 '왜' 하는지에 답하기 위한 틀입니다.

G열정, E전문성, M가치 요소를 각각 열거해 보고, 그 속에서 공통분모를 찾아보면 자신의 궁극적 지향점을 설정하고, 그것을 '왜' 하는지에 대해 답할 수 있습니다. 이렇게만 얘기하면 어려울 수 있으므로 각 요소에 대한 질문의 예를 들어보겠습니다.

GEM 각 요소에 대한 질문(예시)

Gusto
(열정) 질문

Q1 무엇을 할 때 가장 나답다고 느끼는가?

Q2 무엇을 할 때 가장 몰입하고 즐거움을 느끼는가?

Q3 내게 시간, 돈이 충분하다면, 무엇을 해보고 싶은가?

Expertise
(전문성) 질문

Q1 내 삶에서 가장 오랫동안 갈고 닦은 역량은 무엇인가?

Q2 어떤 역할을 할 때 주변, 외부로부터 긍정적인 피드백을 받고 있는가?

Q3 앞으로 배우려고 준비 중인 것, 경험하려고 계획 중인 것은 무엇인가?

Merit
(가치) 질문

Q1 나는 세상에 어떤 존재로 기억되고 싶은가?

Q2 내가 경제적, 사회적으로 책임져야 하는 범위는 어디까지인가?

Q3 나는 근래 들어 어떤 사람들, 집단과 연결되기를 꿈꾸고 있는가?

물론 이것만으로는 감이 안 잡히는 분도 있을 겁니다. 그래서 20 대 중반의 취업준비생을 대상으로 한 GEM 프레임웍 사례를 준비하였습니다.

AI × 인간지능의 시대

Gusto (열정) 질의응답

Q1 무엇을 할 때 가장 나답다고 느끼는가?

A1 자연을 탐험하고 야외 활동을 할 때 가장 나답다고 느낍니다. 자유롭고 모험적인 환경에서 새로운 것을 발견하는 것이 좋아요.

Q2 무엇을 할 때 가장 몰입하고 즐거움을 느끼는가?

A2 사진을 찍을 때 가장 몰입해요. 특히 자연 풍경과 야생 동물을 촬영하는 것에 흥미를 느낍니다.

Q3 내게 시간, 돈이 충분하다면, 무엇을 해보고 싶은가?

A3 세계 각지의 국립공원을 여행하며 자연 사진을 찍는 것이 꿈입니다.

Expertise (전문성) 질의응답

Q1 내 삶에서 가장 오랫동안 갈고 닦은 역량은 무엇인가?

A1 사진 촬영 기술입니다. 특히 자연과 야생동물 사진 촬영에 능숙해요.

Q2 어떤 역할을 할 때 주변, 외부로부터 긍정적인 피드백을 받고 있는가?

A2 제 사진 작품을 전시했을 때, 관람객들로부터 긍정적인 반응을 많이 받았습니다.

Q3 앞으로 배우려고 준비 중인 것, 경험하려고 계획 중인 것은 무엇인가?

A3 드론을 이용한 항공 촬영 기술을 배우고 싶어요. 이를 통해 다양한 각도에서 자연을 담아내고 싶습니다.

Merit (가치) 질의응답

Q1 나는 세상에 어떤 존재로 기억되고 싶은가?

A1 자연의 아름다움을 사람들에게 전달하는 사진작가로 기억되고 싶습니다.

Q2 내가 경제적, 사회적으로 책임져야 하는 범위는 어디까지인가?

A2 환경 보호에 기여하는 것이 중요하다고 생각합니다. 제 작업이 환경 보존의 중요성을 전달하는 데 일조하길 바랍니다.

Q3 나는 근래 들어 어떤 사람들, 집단과 연결되기를 꿈꾸고 있는가?

A3 자연 보호 단체나 환경 관련 기관과 협업하고 싶습니다. 제 사진이 이들의 메시지를 전달하는 데 도움이 되었으면 해요.

이 취업준비생은 자연에 대한 깊은 열정과 자연 사진 촬영에 대한 전문성을 가지고 있으며, 환경 보호와 관련된 사회적 가치를 중요하게 여깁니다. 이를 바탕으로, 그의 궁극적 지향점은 '자연의 아름다움을 포착하고 이를 통해 환경 보호의 중요성을 알리는 사진작가가 되는 것입니다. 이를 위해 그는 자신의 사진 기술을 더욱 발전시키고, 환경 보호 단체와의 협업을 통해 자연 보존의 중요한 메시지를 전달하는 데 기여하고자 합니다.

G는 자신이 좋아하는 것을 의미합니다. 따라서 자신이 무엇을 할 때 행복하고 만족스러운지를 질문해보아야 합니다.

무엇을 할 때 가장 나답다고 느끼는지 스스로에게 물어보세요.

E는 자신이 잘하는 것을 의미합니다. 따라서 자신이 제일 오랫동안 갈고 닦은 역량이 무엇인지를 질문해보아야 합니다.

자신이 무엇을 제일 잘하는지, 무엇을 할 때 주위 사람에게 긍정적인 피드백을 받는지 스스로에게 물어보세요.

M은 자신이 해야 하는 것을 의미합니다. 따라서 자신이 책임져야 하는 범위가 어디까지인지를 질문해보아야 합니다.

자신이 세상에 어떤 존재로 기억되기를 바라는지, 경제적·사회적으로 책임져야 하는 범위가 어디까지인지를 스스로에게 물어보세요.

이제 다시 한 번 더 사례를 읽고 자신에게 질문해보세요.

나는 무엇을 좋아하고, 무엇을 잘하며, 무엇을 해야 할까요?

그 답은 여러분 본인만이 찾을 수 있는 것입니다.

저는 수업에서 또는 기업들을 컨설팅 할 때 GEM 프레임워을 사용합니다.

구체적으로는 다음의 단계를 따르면 됩니다.

 GEM 프레임웍 7단계

1단계
세 가지 색상(예: 빨강, 노랑, 파랑)의 포스트잇 여러 뭉치 & 두꺼운 펜을 여러 개 준비합니다.

2단계
참석자마다 펜 하나 & 세 가지 색상의 포스트잇 뭉치를 나눠줍니다.

3단계
먼저, 빨강 포스트잇 뭉치를 사용하라고 합니다. 포스트잇에 Gusto에 해당하는 것을 적으라고 합니다. 물론, Gusto가 무엇인지는 앞의 설명을 참고해서 얘기해줘야 합니다. 한 장의 포스트잇에는 하나의 항목만 적어야 합니다. 예를 들어, 내가 Gusto라고 생각하는 게 3개라면 3장의 빨강 포스트잇에 각각 하나씩 적어야 합니다.

4단계
파랑 포스트잇 뭉치를 사용하라고 합니다. 포스트잇에 Expertise에 해당하는 것을 적으라고 합니다. 물론, Expertise가 무엇인지는 앞의 설명을 참고해서 얘기해줘야 합니다. 한 장의 포스트잇에는 하나의 항목만 적어야 합니다. 예를 들어, 내가 Expertise라고 생각하는 게 5개라면 5장의 파랑 포스트잇에 각각 하나씩 적어야 합니다.

5단계

노랑 포스트잇 뭉치를 사용하라고 합니다. 포스트잇에 Merit에 해당하는 것을 적으라고 합니다. 물론, Merit가 무엇인지는 앞의 설명을 참고해서 얘기해줘야 합니다. 한 장의 포스트잇에는 하나의 항목만 적어야 합니다. 예를 들어, 내가 Merit라고 생각하는 게 4개라면 4장의 노랑 포스트잇에 각각 하나씩 적어야 합니다.

6단계

각자 앞서 자기가 적은 빨강, 파랑, 노랑 포스트잇을 모아 놓고, 그룹을 만들어봅니다. 각자 그룹을 만드는 원칙은 정해진 게 아닙니다. 개인이 마음대로 묶으면 됩니다. 내용이 유사하거나, 시간의 흐름이 비슷하거나, 감성적으로 연결되거나, 다 좋습니다. 파랑 1장, 노랑 1장을 하나의 그룹으로 하거나, 빨강 2장, 파랑 1장, 노랑 1장을 하나의 그룹으로 할 수도 있습니다.

7단계

이 과정을 통해 내게 큰 그룹으로 형성된 것이 무엇인지 살펴보면 됩니다. 작은 그룹이라고 해서 의미가 작은 것도 아닙니다. 이 과정을 통해 내게 GEM이 무엇인지 생각하면 됩니다.

SAFETY :
AI를 잘못 써서 낭패 볼까 걱정된다면?

AI를 활용하는 분야와 상황이 급격히 늘어나는 요즘, 그와 관련한 문제점도 한없이 늘어나고 있습니다. 더불어 그와 관련한 걱정도 늘어나고 있습니다.

내 데이터가 내 동의도 없이 빠져나가진 않을까? AI를 활용해서 수집한 데이터를 토대로 만들어 낸 결과물이 법적인 문제를 유발하진 않을까? AI를 활용한 결과가 사회의 보편적 윤리 기준에 어긋나진 않을까? AI 도입으로 인한 경제적 효과는 어떻게 평가할까? AI가 안정적으로 오류 없는 결과물을 만들어낼 수 있을까? AI가 정말로 사회를 발전시킬까?

AI의 발전이 너무 빠른 탓에 사회적으로 합의된 기준이나 안전책이 미비한 수준이므로 걱정을 하려면 한도 끝도 없이 하게 됩니다. 게다가 AI의 특성상 사건사고가 일어나는 순간은 그야말로 눈 깜빡할 사이이며, 피해 규모가 광범위합니다. 그리고 자칫 잘못하면 한순간에 내가 피해자가 될 수도 있고, 더 고약하게는 가해자가 될 수도 있습니다. 특히 AI를 활용하려는 기업에서는 제대로 된 기준을 잡아놓지 않으면 사회적 물의를 일으킬 가능성이 다분합니다. 따라서 개인도, 기업도 AI를 활용하기 전에 몇 가지라도 기준을 잡아 놓고 안전하게 사용할 필요가 있습니다.

그렇다면 어떤 기준으로 AI 활용의 리스크를 관리하는 것이 좋을까요?

이에 대해서는 아직 사회적으로 확실하게 합의된 것은 없지만, 그래도 이것만은 지켜야 한다는 최소한의 기준을 세워 프레임워크를 만들었습니다. 바로 SAFETY 프레임워크입니다.

SAFETY 프레임워크을 활용한 AI 리스크 관리 평가 시스템을 6개의 기준으로 12개 항목에 1부터 5까지 점수를 매기도록 하였습니다.

다음에 나오는 자가검사지의 질문 항목을 읽고, '전혀 그렇지 않다'는 1점에, '그렇지 않다'는 2점에, '보통이다'는 3점에, '그렇다'는 4점에, '매우 그렇다'는 5점에 체크해 주세요.

SAFETY 프레임웍을 활용한 AI 리스크 관리 평가 자가검사지

문항	점수				
	1	2	3	4	5
Security of Data(데이터 보안)					
개인 프라이버시를 준수하고 있습니까?					
해킹이나 데이터 유출에 대비하기 위한 충분한 물리, 관리, 기술적 조치가 취해져 있습니까?					
Accountability and Legal Compliance(책임 및 법적 준수)					
AI 활용의 결과물에 관한 책임소재가 명확히 규정되어 있습니까?					
관련 산업 규제 및 국제적 기준에 부합합니까?					
Fairness and Ethical Concerns(공정성 및 윤리적 문제)					
AI 활용 결과가 특정 집단에게 편향되지 않습니까?					
AI 활용 과정, 결과가 사회의 보편적 윤리적 기준에 부합합니까?					
Economic Impact(경제적 영향)					
AI 도입으로 인한 경제적 효과를 분석하는 과정을 충분히 거쳤습니까?					
AI 투자의 장기적인 경제적 가치를 높게 예측하고 있습니까?					
Technological Reliability(기술적 신뢰성)					
AI 활용이 안정적이고 오류율이 낮습니까?					
기존 시스템과 호환성이 좋고, 지속적 업데이트와 유지 관리가 가능합니까?					
Youth and Social Impact(청년 및 사회적 영향)					
AI 활용이 청년고용 및 교육에 미치는 악영향은 없습니까?					
AI 활용이 장기적으로 사회 발전에 기여하는 방향입니까?					

물론, 이 표를 놓고 각 항목에 점수를 매기는 게 그리 간단한 작업은 아닙니다.

예를 들어, AI에 대한 국내외 관련법이 아직까지 확정되지 않은 부분이 많아서 '법적 준수'에 관한 판단하기가 쉽지 않습니다. 참고로 유럽연합이 시행하는 AI법을 보면, 다음의 항목을 부분적으로 금지하고 있습니다. 전체 항목은 아닙니다.

- 잠재의식적 또는 기만적인 기법을 사용하여 사람의 행동을 왜곡하거나, 의사결정을 방해하는 행위
- 합법적으로 획득한 생체 인식 데이터 또는 법 집행 기관이 생체 인식 데이터를 분류하는 경우를 제외하고, 민감한 속성인종, 정치적 견해, 종교적 또는 철학적 신념, 성적 취향 등을 추론하는 시스템
- 사회적 채점, 즉 사회적 행동이나 개인적 특성에 따라 개인이나 집단을 평가하거나 분류하는 경우
- 범죄 행위와 직접 연관된 경우를 제외하고 프로파일링 또는 성격 특성만을 근거로 개인의 범죄 위험성을 평가하는 행위
- 인터넷이나 CCTV 영상에서 대상을 특정하지 않고 얼굴 이미지를 수집하여 얼굴 인식 데이터베이스를 구축하는 행위
- 의료 또는 안전 이유를 제외하고 직장이나 교육 기관에서 감정을 추론하는 행위

이렇듯 앞으로 다양한 제도, 사회적 함의 등이 생길 것이기에 변화를 눈여겨보고 SAFETY 항목에 관한 적합성을 판단해야 합니다.

AI × 인간지능의 시대

총점 60점을 기준으로 5개 구간으로 나누어 구간별 AI 활용 리스크 관리 수준을 설명하겠습니다. 구간별 AI 활용 리스크 관리 수준은 다음과 같습니다. 정밀한 측정기준으로 보기보다는 대략적으로 내 상황을 가늠하는 용도로 보면 좋겠습니다.

구간별 AI 활용 리스크 관리 수준

0~12점 (매우 낮음)	·AI 리스크 관리가 거의 이루어지지 않고 있음을 나타냅니다. ·대부분의 영역에서 심각한 부족함이 있으며, 긴급한 개선이 필요합니다. ·데이터 보안, 법적 준수, 윤리적 고려, 기술적 안정성, 경제적 효과, 사회적 영향 등 모든 면에서 큰 리스크가 있습니다.
13~24점 (낮음)	·기본적인 AI 리스크 관리가 일부 이루어지고 있으나, 여전히 많은 영역에서 개선이 필요합니다. ·특정 영역에서는 어느 정도의 관리가 이루어지고 있을 수 있으나, 전반적으로 리스크가 높은 상태입니다.
25~36점 (보통)	·AI 리스크 관리가 일부 영역에서는 효과적으로 이루어지고 있으나, 다른 영역에서는 여전히 개선이 필요합니다. ·평균적인 수준의 리스크 관리를 하고 있으며, 특정 영역의 리스크가 전체적인 평가에 영향을 미칠 수 있습니다.
37~48점 (높음)	·대부분의 영역에서 효과적인 AI 리스크 관리가 이루어지고 있습니다. ·일부 영역에서는 추가적인 개선이 필요할 수 있으나, 전반적으로 리스크가 잘 관리되고 있음을 나타냅니다.
49~60점 (매우 높음)	·모든 영역에서 우수한 AI 리스크 관리가 이루어지고 있음을 나타냅니다. ·데이터 보안, 법적 준수, 윤리적 고려, 경제적 효과, 기술적 안정성, 사회적 영향 등에서 높은 수준의 관리와 준비가 이루어졌음을 의미합니다. ·지속적인 모니터링과 개선을 통해 이러한 수준을 유지하는 것이 중요합니다.

여러분은 몇 점을 받았나요? AI를 안전하게 잘 사용하고 있나요?

회장님이 아니어도
비서를 곁에 두세요

어디로 가야 할지?
어디에 가고 싶은지!

빠른 속도로 변화하는 현대에서는 해야 할 일도 많고, 신경 써야 할 일도 많습니다. 과거에는 다른 사람과 품앗이를 하는 경우도 있었지만, 기본적으로는 타인과의 소통 없이 할 수 있는 일의 비중이 컸습니다. 또한, 단순한 형태의 육체노동이 많았기에 머리를 써야 하는 일이 많지 않았습니다. 하지만 현대 사회는 나 하나만 잘한다고 되는 것이 아니며, 머리를 써야 하는 일이 굉장히 많아졌습니다. 그만큼 기억하고 신경 써야 하는 일에 대한 압박과 피로도 늘어났습니다.

앞서 얘기했던 것처럼 인간의 개인적, 사회적 활동에 필요한 요소는 세분화하면 한없이 나눌 수 있습니다. 하지만 소모되는 것인지, 소모되지 않는 것인지를 기준 삼아서 자원과 역량으로 나누면 다음과 같습니다.

이 복잡한 현대 사회에서 소모적인 자원을 최대한 효율적으로 사용할 수 있는 방법은 무엇일까요? 로또라도 당첨되지 않는 이상엔

자원(소모적)	역량(비소모적)
시간	지식
돈(물리적 자산 포함)	스킬(도구 활용 능력, 휴먼 스킬 포함)
지식재산	창의성
인적자원	사고력

어지간해선 일의 총량은 줄어들지 않습니다. 그러므로 중요한 일에 역량을 집중하고, 상대적으로 중요하지 않은 일은 최소한의 에너지를 투자해야 합니다. 한 번 소모되면 다시는 돌아오지 않거나, 또 모아야 하는 자원을 중요하지 않은 일에도 중요한 일과 같거나 비슷한 양을 들이는 것은 낭비이기 때문입니다.

현대 사회에서는 꼭 '회장님' 소리를 듣는 사람만 비서를 두어야 하는 것이 아닙니다. 할 수 있는 일, 해야 하는 일, 하고 싶은 일이 점점 다양해지는 세상에서 AI 활용은 이제 선택의 문제가 아닙니다.

하지만 AI에게 모든 것을 맡기자는 것은 아닙니다. 그래서도 안 됩니다. AI는 어디까지나 우리가 지금보다 더 뛰어난 지능을 가질 수 있도록 돕는 도구입니다. 우리의 손 또는 불과도 같은 것입니다. 인간이 손을 사용하게 되어 더 많은 일을 할 수 있게 되었고, 불을 쓰게 되어 더 많은 영양분을 얻고 지능이 높아지게 되었지만, 주체는 어디까지나 인간이었던 것과 마찬가지입니다.

따라서 우리는 먼저 "내가 어디를 가고자 하는가?", 즉 비전을 생각해 보아야 합니다. 그리고 이에 대한 해답은 『이상한 나라의 앨리스』에서 앨리스가 체셔 고양이에게 "어디로 가야 하는지 가르쳐 줄래?"라고 물었을 때 들은 대답과 같습니다. "그건 네가 어디로 가고 싶은가에 달려 있어."

여행을 갈 때도 마찬가지입니다. 일본에 갈지, 중국에 갈지, 미국에 갈지, 하다못해 에베레스트산에 갈지를 정해야 그 이후에 무엇을, 어떻게 해야 할지를 정할 수 있으니까요. 누구나 한정된 시간을 살아가는데, 조난당한 사람처럼 어디를 향해 나아갈지 갈피를 못잡고 헤매느라 시간을 낭비한다면 얼마나 아까운 일인가요.

이때 필요한 것이 앞서 얘기했던 GEM 프레임워입니다.

G열정, 자신이 좋아하는 것, E전문성, 잘하는 것, M가치, 해야 하는 것 요소를 각각 열거하고 자신이 무엇을 목표로 삼을지 생각해야 합니다. 그리고 그 속에서 공통분모를 찾아 자신이 궁극적으로 지향하고자 하는 점을 설정합니다.

자신이 가야 할 목표를 정했다면 이번에는 목표를 향해 '무엇'을 '어떻게' 할지, 즉 미션을 생각해야 합니다. 일본에 여행을 간다고 하면 배를 타도 되고, 비행기를 타도 됩니다. 하지만 배나 비행기를 타고 가기만 하면 되는 것이 아닙니다. 여권도 만들고, 일본 내 어느 지역에 갈지 결정하고, 숙소를 예약하고, 교통편을 예약하고, 환전하고, 짐도 챙겨야 합니다. 자유여행을 한다고 해도 어디에 가서 무엇을 할지 대략적으로나마 생각해야 하죠.

'여행을 가겠다.'라고 마음먹으면 '어디에 가서', '무엇을', '어떻게 할지' 정해야 하는데, 그것은 '자신이 무엇을 좋아하는지', '무엇을 잘하는지', '무엇을 해야 하는지'를 알아야 정할 수 있습니다.

등산을 싫어하는 사람이 '나는 일본에 가서 후지산을 오를 거야.'

라고 다짐한 뒤 실행에 옮긴다면 어떤 일이 일어날까요? 일본어를 못하는 사람이 '나는 일본에 가서 일본인 친구를 만들 거야.'라고 한다면? '난 일본인 애인을 사귈 거야.'라는 마음으로 일본인에게 무작정 헌팅을 시도한다면? 뒤로 넘어져도 돈을 줍는 수준의 운이 아니라면 결코 좋은 결과가 나오지 않을 것입니다.

그리고 이렇게 비전과 미션을 결정하면 상대적으로 덜 중요한 것은 비서에게 맡기면 됩니다. '회장님'처럼 정말 중요한 일은 꼼꼼히 하고, 덜 중요한 일은 AI에게 처리를 맡기면 목표를 향한 길이 탄탄대로로 느껴질 것입니다.

고독한 당신 :
'나는 솔로'만 보지 마세요

2025년, 다른 사람의 편지를 대신 써주는 대필작가가 있습니다. 이름은 테오도르. 매우 감성적인 편지를 쓰는 테오도르지만 정작 본인은 아내와 별거 중입니다. 그러던 중에 한 AI 음성 챗봇을 구입하게 됩니다. 스스로 자신의 이름을 '사만다'라고 정할 만큼 뛰어난 AI였습니다. 테오도르는 사만다와 함께하며 행복을 느끼고, 점점 사만다를 사랑하게 됩니다.

2014년에 개봉한 영화 '그녀Her'의 이야기입니다. AI '알파고'가 나오기도 전에 개봉한 이 영화의 이야기는 놀랍게도 현실이 되었습니다.

2024년 1월에 AI 챗봇을 사고팔 수 있는 GPT 스토어가 만들어졌는데, 이 GPT 스토어는 나온 지 얼마 되지 않아 여러 문제를 일으켰습니다. 그중에는 AI 윤리를 위반한 'AI 가상 연인 챗봇'이 다수 등장하였다는 것도 포함되어 있습니다. AI 업계에서는 성희롱이라든지 윤리적 이슈가 걸린 'AI 가상 연인'을 암묵적으로 지양하고 있고, GPT 스토어 또한 이용 약관에 "로맨틱한 관계를 조성하는 GPT는 허용되지 않는다."라고 명시하였습니다. 하지만 그 원칙은 지켜지지 않았습니다. 수없이 많은 '가상 연인 챗봇'이 올라왔고, 그중에는 불건전한 대화를 나눌 수 있는 챗봇도 있었습니다. GPT 스토어를 이용하는 대다수 사람이 '가상 연인 챗봇'을 원하고 있었다는 의미입니다.

하지만 이것은 그리 놀라운 상황이 아닙니다. 이미 예전부터 '가상 연인'을 원하는 사람이 있었기 때문입니다. 2023년 7월, 미국의 인기 인플루언서인 카린 마저리는 자신의 목소리와 버릇, 성격 등을 복제한 '카린 AI'를 공개했습니다. '가상 여자친구'를 표방한 이 AI는 서비스 이용 가격이 1분당 1달러약 1,300원인데, 출시 첫 주에만 10만 달러약 1억 3,400만 원가 넘는 매출을 기록하고 서비스 이용 대기자만 수천 명이 되었습니다.

출처 I Centennial

2023년 5월에는 '정오의 데이트'라는 소셜 데이팅 앱이 출시 12년을 맞이하여 챗 GPT 기술에 기반한 'AI 자기소개 코칭 서비스'를 시작하였습니다. 회원가입 때 작성한 생년월일, 관심사, 스타일 데이터를 기반으로 이성 회원에게 보이는 프로필 카드의 소개 글을 추천해주는 것입니다. '정오의 데이트'는 사용자의 취향에 맞춰 매일 4명씩이성을 소개시켜주는 매칭 서비스인데, 하루 13,000명 이상이 연결에 성공할 만큼 많은 사용자가 이용하는 앱입니다.

사람에게 입은 상처는 사람을 통해서만 치유할 수 있다는 말이무색할 만큼 AI를 통한 인간관계 구축 또는 AI와의 관계를 더 중요하게 여기는 사람이 늘어나고 있습니다. 하지만 이것이 덮어놓고 거부해야 하는 일이냐고 한다면 그렇지도 않습니다.

사회는 발전속도에 맞추어 끊임없이 변화하고 복잡해집니다. 그러다 보니 인간관계의 종류도 다양해지고 관계를 유지하기 위한 노력의 정도도 늘어났습니다. 예전에는 다 고만고만했는데 이제는 다양한 입장, 다양한 생활수준, 다양한 환경의 사람끼리 관계를 맺다보니 점점 인간관계에 어려움을 느끼는 사람이 많아지기 시작했습니다. 그리고 그런 사람을 위한 서비스 시장도 점점 커지고 있습니다. 예를 하나 들자면, 통화를 기피하는 '콜포비아call phobia'를 교육하거나치료해주는 서비스도 있는데 비용이 꽤 비싼 편입니다.

이 같은 환경에서 AI를 활용해 '인간관계를 맺는 법을 배우는 것'은 잘못된 일이라고 할 수 없습니다. 애시당초 인간은 직접 경험한 것만을 토대로 배우는 존재가 아닙니다. 인간은 아주 오래 전부터 책이나 영화, 음악 등의 예술을 통한 간접 경험으로 정서를 자극받고 사람

출처 : 김상균 with Midjourney 6

간 관계에 대한 깨달음을 얻었습니다. 단지 이제는 예술만이 아니라 AI를 활용해서 배울 수도 있는 시대가 된 것입니다.

또한, AI는 인간관계나 정서와 관련한 방대한 데이터를 담고 있습니다. 따라서 AI를 활용하면 우리는 인간에 대해 더 깊게 배울 수도 있습니다.

개인주의적 성향이 점점 늘어나는 현대 사회에서는 외로움도 늘어날 수밖에 없습니다. 또한, 다른 사람과 인간적인 관계를 맺는 것에 어려움을 느끼는 사람도 늘어날 수밖에 없습니다.

그러므로 AI를 활용하는 것 자체는 좋고 나쁨을 가릴 수 있는 것이 아닙니다. 오히려 시대의 변화에 따른 자연스러운 현상입니다. 하지만 '그녀'에서 주인공인 테오도르가 마지막에 선택한 것은 AI가 아니라 인간이었습니다. 조금 더 정확히 표현하자면 테오도르는 AI를 통해 인간과 인간이 사귀는 법을 배우고 AI를 떠나 인간의 곁으로 갔습니다. 이는 AI는 어디까지나 부수적인 도구이며 관계 자체를 AI 중심으로 해서는 안 된다는 뜻으로 해석해도 될 것이라 생각합니다.

부모님 :
전적으로 믿을 건 '김주영'이 아닙니다

2018년 11월부터 2019년 2월까지 JTBC에서 방영했던 20부작 드라마 'SKY 캐슬'에는 '입시 코디네이터'라는 직업을 등장시켜 이야기에 독특함을 더했습니다. "어머니, 저를 믿으셔야 합니다."라는 대사는 오랫동안 여러 곳에 패러디될 정도였죠. 또한, 이 드라마가 방영된 이후로 '대학 입시 컨설팅' 붐이 불고, "김주영 같은 입시 코디네이터가 존재하는 것이 아니냐?"라고 묻는 학부모마저 생겨났다고 합니다.

현재 우리나라의 대학 진학률이 떨어진다고는 하지만, 2023년에도 72.8%의 대학 진학률을 기록하였습니다. 외국의 대학 진학률이 급감하는 점을 고려하면 우리나라의 대학 진학률은 세계 최고라고 할 수 있습니다.

그중에는 스스로 판단하고 선택한 학생도 있겠지만, 부모님을 필두로 해서 어른에게 진로와 진학 설계를 받은 학생도 있을 것입니다. 어쩌면 후자인 학생이 더 많을 수도 있고요.

결과적으로 우리나라에서 학생의 진로 및 진학 설계는 학생만이 아니라 학부모에게도 매우 중요한 일이어서 '김주영 같은 입시 코디네이터'를 찾기에 이르렀습니다. 하지만 한 가지 생각해볼 문제가 있습니다. 정말 '김주영 같은 입시 코디네이터'를 찾아서 진로 및 진학 설계를 하면 만사형통일까요? 꼭 그렇지는 않다고 생각합니다.

물론 현재 학생에게 진로나 진학 설계를 해주는 '입시 컨설턴트' 중에는 능력 있는 사람도 많을 것이고, 좋은 컨설팅을 받아 자신이 원하는 길을 가게 된 학생도 있을 것입니다. 하지만 아무리 뛰어난 컨설턴트라고 해도 냉정하게 따져보면 '개인'입니다. 다른 사람에게 정보를 얻는다고 해도 결국 단편적 지식과 개인적 견해를 초월한 컨설팅을 하기에는 역부족입니다. 그러다 보니 동일한 아이를 두고 열 명의 컨설턴트에게 조언을 구하면 열 개의 서로 다른 컨설팅을 받게 될 수밖에 없습니다. 그리고 그중에 아이에게 정말로 맞는 것이 무엇인지를 판단하기는 어려운 일입니다. 이는 입시 컨설턴트가 잘못된 것이 아니며, 입시 컨설턴트에게 컨설팅을 받는 것이 무의미하다고 말하려는 것도 아닙니다. 단지 개인에게는 한계가 존재할 수밖에 없다는 의미입니다.

그렇다면 학생의 진로 및 진학 설계는 처음부터 무의미한 일일까요? 그것도 아닙니다. 다만 개인 컨설턴트에게 컨설팅을 받는 것보다 AI를 활용하여 컨설팅을 받는 것이 더 적합합니다. AI가 어떻게 인간의 진로나 진학을 컨설팅할 수 있냐고 생각할 수 있지만, 넓게 보면 오히려 AI에게 컨설팅을 받는 것이 훨씬 더 좋습니다. AI는 올바른 데이터만 입력하면 단편적 지식이나 견해, 특히 인간이라면 가질 수밖에 없는 선입견 등이 없이 냉정하게 판단하고 분석해주기 때문입니다.

그리고 'AI를 학생의 진로와 진학 상담에 활용하는 것'은 이미 우리나라에서 벌어지고 있는 일입니다. 인천시교육청은 '인천 사이버진로교육원'에서 적성검사와 진로 체험, 진로상담 등을 온라인으로 서비스하고 있습니다. 또한, 부산시교육청 학력개발원은 '부산진로진학지원센터' 홈페이지에서 권역 고교생을 대상으로 데이터 기반 진학 설계 및 대입 수시·정시 상담 프로그램, AI 모의면접 프로그램 등을 서비스하고 있습니다.

이처럼 진로 설계에 AI를 활용하는 경우는 단지 진학에만 국한된 것이 아닙니다. AI는 취업 준비에도 활용되고 있는데요. 대표적인 예가 AI 커리어 관리 플랫폼인 '잡이지JobEasy'입니다.

잡이지에서는 직업과 직무에 대한 역량을 분석, 관리해주고 AI 솔루션과 전문가 컨설팅을 제공해줍니다. 그중에는 'AI 모의면접'도 있습니다.

출처 : 잡이지(https://jobeasy.kr/)

AI 모의면접은 화면에 인터뷰마스터IM 아바타가 등장해서 면접을 진행하는 방식인데, AI가 면접자의 자세, 표정, 음성, 주요 단어 등과 같은 외형적 요소와 언어·감정 요소를 꼼꼼하게 따져봅니다. 그리고 AI가 답변 내용이나 태도 등을 종합적으로 정리하여 조언해 줍니다.

모든 과정이 비대면이므로 오프라인 센터를 찾아갈 필요도 없고, 업종이나 연봉 등 단순 조건에 맞춰 일자리를 소개하던 기존과 다르게 구직자가 잘할 수 있는 업무나 잠재된 직무 역량까지 파악하여 일자리를 추천합니다.

'SKY 캐슬' 속 '입시 코디네이터' 김주영은 분명 뛰어난 사람이었습니다. 하지만 개인인 만큼 단편적 지식과 개인적 견해를 벗어나지 못했습니다. 그렇기에 유연하지도 못했습니다.

게다가 김주영 같은 '능력 있는 사람'은 시간과 공간의 제약, 금전 사정 때문에라도 모든 사람이 만날 수 있는 대상도 아닙니다.

실제로 우리나라는 '학원법'에 따라 교습 비용의 상한선이 정해져 있고, 서울 강남서초교육청에서는 진학지도 학원에서 시간당 최대 30만 원을 받도록 정하였습니다. 하지만 유명한 학원은 1시간에 50만 원부터 100만 원에 가까운 금액까지 받는 경우도 있습니다.

개별적으로 신고 절차를 진행하여 교습비를 받는 것이라면 불법이라고 말할 수 없지만, 모든 학생이 이만큼의 돈을 내고 학원에 다닐 수는 없습니다.

그와 달리 AI는 데이터만 제대로 입력하면 알맞은 결괏값을 냅니다. 또한, 데이터만으로 움직이기에 인간보다 훨씬 유연합니다. 인터넷에 접속만 할 수 있으면 모든 사람이 동일한 수준의 컨설팅을 받을 수 있습니다.

어떻게 컴퓨터 프로그램 따위가 인간의 앞날을 결정할 수 있겠냐고 생각할 수 있지만, 사실 그 누구도 나의 앞날을 결정할 수는 없지요. 입시 코디네이터 김주영도 내 앞날을 결정하지는 못합니다.

입시 코디네이터도 AI도 그저 대안을 제시할 뿐이며, 그 대안을 놓고 고민하여 선택하고, 그에 따른 책임을 지는 것은 언제나 내 몫입니다. 내 진로에 관해 사람이 조언해주든, AI가 조언해주든 말입니다.

챗GPT가 정말 진로 준비에 도움이 될지 문답을 보면 더욱 확실히 알 수 있습니다.

챗GPT와의 문답 ——— 01

나는 한국의 고등학생 1학년이야.

AI를 공부할 수 있는 대학교에 진학하고 싶어.

그런데 나는 수학에 약해. 수학을 정말 싫어해. 나는 AI 공부하면 안 될까?

AI 분야에 진출하고 싶지만 수학을 싫어하고 자신이 없다면, 다음과 같은 몇 가지 접근 방식을 고려해 볼 수 있습니다.

• 실용적인 프로젝트 찾기

AI와 관련된 간단한 프로젝트나 문제를 해결해보세요. 실제 문제를 해결하면서 필요한 수학적 개념을 배우는 '학습 필요성'이 자연스럽게 수학에 대한 흥미를 불러일으킬 수 있습니다.

• 비수학적인 AI 분야 탐색

AI는 매우 넓은 분야이며, 모든 하위 분야가 고도의 수학적 지식을 필요로 하는 것은 아닙니다. 사용자 경험(UX) 디자인, AI 윤리, AI 정책 및 관리와 같은 분야는 수학보다는 다른 기술이나 지식을 더 중시할 수 있습니다.

• 포기하지 않기

자신의 약점을 인정하는 것은 중요하지만, 그것이 꿈을 포기하는 이유가 되어서는 안 됩니다. AI 분야에 대한 열정을 가지고 지속적으로 노력하면, 수학이 싫어도 분야 내에서 자신에게 맞는 길을 찾을 수 있습니다.

수학이 싫다고 해서 AI 분야를 포기할 필요는 없습니다. 다양한 접근 방법과 자신에게 맞는 학습 방식을 찾아가며 꿈을 향해 나아가세요. AI는 다양한 기술과 지식이 융합되는 분야이므로 수학 외에도 다른 많은 기술과 지식이 중요합니다. 자신의 강점을 살려 AI 분야에서 성공할 수 있는 길을 모색해보세요.

비수학적인 AI분야는 대학의 어떤 학과에서 배울 수 있지?

비수학적인 측면에서 AI를 접근하고자 할 때, 주로 다음과 같은 학과에서 관련 지식을 배울 수 있습니다. 이들 학과는 AI의 기술적인 측면뿐만 아니라, 인간 중심의 접근, 윤리, 정책, 관리 등 다양한 비수학적 요소를 포함합니다.

- 인공지능과 인간 상호작용(HCI: Human-Computer Interaction)
  HCI는 사용자 경험(UX) 디자인, 사용자 인터페이스(UI) 디자인과 같은 분야에서 AI를 활용하는 방법을 배웁니다. 이는 사용자의 관점에서 AI 기술을 만들고 평가하는 방법에 중점을 둡니다.

- 사회학 및 심리학
  이 학과들은 AI가 사회와 개인에 미치는 영향을 연구합니다. AI 윤리, AI의 사회적 영향, 기술과 인간의 상호작용 등을 다룹니다.

- 법학
  AI와 관련된 법적 문제, 예를 들어 데이터 보호, 지적 재산권, 로봇과 AI 시스템의 법적 책임 등을 탐구합니다.

- 경영학 및 기술 관리
  이 분야는 AI 기술을 비즈니스와 조직에 통합하는 방법을 포함하여 기술 혁신 관리, 프로젝트 관리, 기술 기반 비즈니스 전략 등을 다룹니다.

- 디자인과 예술
  기술과 예술의 결합을 탐구하며, AI를 사용하여 창의적인 작업을 하는 방법을 배웁니다. 이는 컴퓨터 그래픽, 인터랙티브 미디어, 디지털 아트 등을 포함할 수 있습니다.

각 대학과 프로그램은 제공하는 과정이 다를 수 있으므로 관심 있는 학과의
교육 과정을 확인하고, 해당 분야의 교수님들과 상담하는 것이 좋습니다. AI
기술이 다양한 분야에 적용됨에 따라, 전통적인 학문의 경계를 넘어서는 다학
제적 접근이 강조되고 있습니다. 따라서 여러분의 관심사와 장점을 고려하여
선택하는 것이 중요합니다.

나는 그림 그리는 것, 사람들과 대화하는 것을 좋아하는데, AI관련 학과에서도 그
런 능력이 쓰일까?

네, 당신이 좋아하는 그림 그리기와 사람들과의 대화는 AI 관련 학과에서도 매
우 중요하고 유용한 능력입니다. 여러분의 취미와 열정은 AI 분야에서 창의적
이고 혁신적인 접근을 가능하게 합니다. 다음은 그런 능력이 AI 분야에서 어떻
게 활용될 수 있는지에 대한 몇 가지 예시입니다.

- HCI 및 UX/UI 디자인
  그림을 그리는 능력은 사용자 경험(UX) 디자인과 사용자 인터페이스(UI)
  디자인에서 매우 중요합니다. AI 시스템을 사람들이 쉽게 이해하고 사용할
  수 있도록 만드는 데 필요한 시각적 커뮤니케이션과 인터페이스 디자인에
  기여할 수 있습니다.

- 콘텐트 크리에이션과 디지털 아트
  AI를 활용한 새로운 형태의 예술 작품을 만드는 데 그림 그리기 능력을 활용
  할 수 있습니다. AI 기술을 이용한 창의적인 프로젝트에서 디지털 아트워크
  를 생성하거나, AI와 협력하여 예술 작업을 하는 등의 활동이 가능합니다.

- 교육 및 커뮤니케이션
  AI 기술을 다른 사람들에게 가르치거나 소개하는 데 그림 그리기와 대화 능

력이 유용합니다. 복잡한 기술적 개념을 쉽게 설명하고 시각적으로 전달하는 데 도움이 됩니다.

당신의 관심과 능력은 AI 분야에서 독특하고 중요한 역할을 할 수 있습니다. AI는 기술적 측면뿐만 아니라 창의성, 인간 중심 디자인, 커뮤니케이션 능력 등 다양한 분야에서의 능력을 필요로 하는 매우 다양한 분야입니다. 따라서 여러분의 취미와 열정을 AI 분야에 어떻게 적용할 수 있을지 탐색해 보세요.

챗GPT와 나눈 문답을 보면 다음과 같이 생각할 수도 있습니다.

'이 정도는 누구에게 물어봐도 들을 수 있는 대답 아냐?'

'겨우 이런 조언을 어떻게 써?'

'별로 대단한 말 같지도 않은데?'

하지만 사실 그렇지만도 않습니다. 학생 수가 적은 지방의 고등학생은 전문가를 만나 물어볼 기회 자체가 적습니다.

게다가 각기 상황이 다르므로 자신이 가고 싶은 길을 이미 걸어가는 선배를 만나서 조언을 구하기도 힘듭니다.

가까운 미래의 진로에서도 먼 미래의 삶에서도 먼저 간 사람의 조언은 시행착오를 줄이고 불안감을 낮추는 데 큰 역할을 합니다. 하지만 지금까지는 우리나라에서도 외국에서도 일부 집단만이 앞서간 사람의 도움을 받을 수 있었습니다. 그러나 이제는 AI를 통해 이 같은 서비스를 대중화할 수 있습니다.

또한, 인간을 상대로 할 때는 무엇이든 물어보고 답을 구하기가 어려운 부분이 있습니다. 그럴 때에도 AI는 큰 도움이 됩니다. AI는 무엇이든 물어보고 답을 구하는 것에 대해 거부감이 낮기 때문입니다.

한 가지 팁을 더 드리면 AI는 사람에게 먼저 물어보지 않습니다. 사람처럼 대화하는 듯하지만, 언제나 내가 먼저 물은 것에 관해 답변할 뿐입니다. AI에게는 자아가 없고, 수집한 데이터를 토대로 결과를 만들어내는 프로그램이기 때문입니다.

하지만 인간 상담사는 대화 중간에 다른 질문을 내게 던져서 새로운 얘기를 끄집어내기도 합니다. 그리고 내가 대답을 해주지 않는

다고 해도 포기하지 않고 질문합니다.

따라서 AI에게 상담을 잘 받으려면, 예시에서처럼 여러분이 인간을 상대할 때보다 좀 더 꼼꼼하게 묻고 좀 더 넓게 자신에 관해 풀어놓는 게 좋습니다.

학생 :

과외 선생님 없다고 슬퍼하지 마세요

'아이 한 명을 키우기 위해서는 온 마을이 필요하다.'라는 말이 있습니다. 이는 바꿔 말하면 '아이를 제대로 키우려면 한두 명 가지고는 턱도 없다.'라는 뜻이 됩니다. 그리고 이 의미를 확장시키면 '어른 한둘이 아이 여럿을 동시에 가르치는 건 굉장히 어려운 일이다.'라고 말할 수도 있습니다. 온 동네 사람이 달라붙어야 겨우 한 명을 제대로 키울 수 있는데, 어른 한둘이 여러 명을 한꺼번에 가르치려 하면 모두에게 알맞은 교육을 하는 것이 불가능할 수밖에 없으니까요.

아이마다 수준과 적성이 다르고, 효과적인 교수법이 다르며, 그 사실을 알고 있다 한들 여럿을 한꺼번에 가르치려면 평균적인 방법을 쓸 수밖에 없습니다. 결국 학교만이 아니라 학원도 '성적이 오를 사람은 오르고, 그렇지 않은 사람은 오르지 않게' 되었습니다.

그래서 1:1 맞춤 수업을 하는 '과외'라는 학습방법까지 생겼으나 이 또한 완벽하진 않았습니다. 아이만이 아니라 선생님의 능력도 큰 변수였기 때문입니다. 게다가 자신과 맞는 선생님을 만날 수 있느냐 하는 것도 운이나 다름없었습니다. 결국 선생님이 직접 학생을 가르치는 시스템으로는 '모든 학생이 공정하게 똑같은 수준의 교육을 받는 것'은 불가능할 수밖에 없는 것입니다.

그렇다면 이 같은 '불공평한 교육 기회'를 해결할 수 있는 방법은 없을까요? 있습니다. 바로 AI를 활용하는 것입니다.

과외 학습으로 유명한 웅진씽크빅에서는 전과목 AI 학습 플랫폼인 '웅진스마트올'을 만들었습니다. 그리고 웅진스마트올에서 수학 역량을 정말하게 평가할 수 있는 '수학 AI진단검사' 콘텐트를 오픈했습니다. 수학 AI진단검사는 문제 풀이 결과를 바탕으로 학습자의 전체 지식 수준을 평가할 수 있는 딥러닝 알고리즘 기반 '심층 지식 추적DKT' 기술이 적용되었는데요. 웅진씽크빅이 보유한 약 4,300만 건의 학습 데이터와 문항 풀이 결과를 기반으로 삼아 학생 개념별 이해도를 분석하고, 근본 오답 원인을 추적해서 중학교 1학년까지의 수학 점수를 예측합니다. 검사 상세 분석지에서는 응시자의 등급 및 성취도, 단원·영역·문항별 분석 결과를 확인할 수 있습니다.

또한, 웅진스마트올에는 '웅진북클럽 라이브러리'도 있는데요. 이는 프리미엄 독서 솔루션이자 스마트러닝 서비스입니다. 동화, 그림책, 전집, 학습도서 등 국내외 도서 8,000여 권에 영국 BBC 등이 제작한 교육 영상 콘텐트 12,000여 개가 포함되어 있는데, 문해력 전문 솔루션인 '모두의 문해력' 등도 함께 서비스합니다.

모두의 문해력은 교육업계 최초의 완성형 문해력 솔루션으로, AI를 통해 학생 수준을 진단한 후에 맞춤형 커리큘럼을 제시합니다.

1회당 15~20분 내외로 문해력을 향상시킬 수 있으며, 학습 이후에는 수준에 맞는 도서를 추천해 줍니다.

이 외에도 웅진스마트올에서는 학생 수준 및 취약 유형을 AI로 분석해서 맞춤 수학 학습법을 제시하는 'AI 수학 유형 클리어', 연산 솔루션 '매쓰피드Mathpid', 진학하고자 하는 학교명을 기입하면 해당 교과서 학습 커리큘럼을 제시하는 '검정교과서 학습관', 초등 영문법 솔루션인 'AI 그래머 트레이닝', 교육용 메타버스 플랫폼인 '스마트올 메타버스' 등도 서비스하고 있습니다.

그리고 이 모든 학습법은 웹페이지를 통해 교육받을 수 있습니다. 학생이 선생님을 따로 만나지 않아도 얼마든지 학습할 수 있으며, 교육받는 모든 학생이 동등한 질의 학습을 할 수 있습니다.

물론 앞서 말했듯이 '이제 선생님도 AI로 대체하자.'라는 주장을 하려는 것은 아닙니다. 선생님은 단지 지식을 가르쳐주는 존재가 아니고, 사람과 사람 사이의 관계에서 배우는 것도 많으므로 '선생님과 학생'이라는 관계 자체가 없어지는 일은 없습니다. 그래서도 안 됩니다.

하지만 '모든 학생이 유능하고 좋은 선생님을 만나는 것'은 현실적으로 불가능한 것도 사실입니다. 특히 우리나라는 수도권에 인프라가 집중되어 있어서 수도권과 지방 간 교육의 질 격차가 심한 것도 사실입니다. 따라서 '선생님이 학생을 가르친다.'라는 전제는 유지해야 하지만, 동시에 '어떤 학교에 다니는지로 따라잡기 어려울 만큼 교육 수준에 차이가 나는 일'을 방지해야 합니다. 그리고 그 해결책이 바로 AI입니다.

AI는 과거에 금전적 여유가 없으면 불가능했던 분야의 학습도 가능하게 합니다. 그중 하나가 '영어 회화'인데요. 영어 회화는 단순히 단어만 외우면 되는 것이 아닙니다. 뜻은 통하지만 회화에서는 부적절한 단어도 많고, 발음도 직접 들어봐야 하고, 실제로 대화하며 연습해야 실력이 향상됩니다. 특히 실제로 대화를 해봐야 알 수 있는 부분이 있으므로 온라인 강의가 아니라 오프라인에서 학원을 다니며 공부해야 했는데요. AI의 발전으로 인해 이 또한 해결되었습니다.

AI 기술을 활용한 영어 회화 앱 '플랭plang'이 바로 그 예입니다. 플랭은 학습자가 집중적으로 연습해야 하는 발음 교정, 실시간 문장 교정 및 첨삭, 실제로 원어민이 사용하는 표현 강의 등을 서비스하고 있습니다. 또한, 따로 질문 게시판이 있어서 궁금한 것을 물어볼 수도 있습니다.

예전이었다면 원어민 선생님과 1:1 과외를 해야만 받을 수 있었던 수준의 교육을 스마트폰 앱 하나로 얼마든지 받을 수 있는 것입니다. 과거에는 영어 회화를 공부하기 위해 일정 수준의 시간과 돈이 필요했지만, 이제는 의지만 있으면 얼마든지 영어 회화를 공부할 수 있게 된 것입니다. 이 모든 것은 AI 기술이 발전하였기에 가능한 일입니다.

이처럼 개인 맞춤형 교육이 가능하다는 것은 오프라인 교육에서 어쩔 수 없이 벌어지는 불공평함을 해소할 수 있다는 의미입니다. 교육부에서 초·중·고 진로전담교사를 대상으로 한 '진로교육현황조사'를 살펴보면, 초·중·고 진로전담교사가 학교 진로교육 활성화를 위해 제일 중요한 요소로 꼽은 것은 '다양한 진로체험 기회 제공'초등학교 84.0%, 중학교 63.5%, 고등학교 48.3%이었습니다. 그리고 두 번째로 중요한 요소로 꼽은 것은 '다양한 학생의 특성 및 유형을 고려한 진로활동' 초등학교 48.3%, 중학교 46.8%, 고등학교 49.3%이었습니다.

이 답의 비율은 "선생님은 초등학교·중학교·고등학교 진로교육 활성화를 위해 필요한 것이 무엇이라고 생각하십니까?"라는 질문에 대한 답의 비율입니다. 즉, 초·중·고 진로전담교사 2명 중 1명이 진로교육 활성화를 위해 '다양한 학생의 특성 및 유형을 고려한 진로체험 기회 제공'이 중요하다고 판단한 것입니다. 바꿔 말하면 진로교육을 활성화하기 위해서는 '학생의 다양성'을 고려해야 한다고 판단한 것입니다. 다만 현장에서는 교사 한두 명이 학생 개개인의 학습 진도나 성향을 관찰하여 배려하기 어려워서 실제로 행동에 옮기기는 어렵다는 의미이기도 합니다.

또한, 학생 자신의 특성도 중요합니다. 학생은 배워나가는 존재입니다. 따라서 자기주도적으로 학습 방향을 잡는 것이 어렵습니다. 그래서 과거에는 학생 수십 명이 교사 한 명의 가르침에 따르는 것이 보편적이었습니다.

하지만 현재는 다릅니다. 누구도 예측할 수 없을 만큼 빠르고 어렵게 변화하므로 과거처럼 한두 명의 가르침을 그대로 받아들이는 것은 좋지 않습니다. 실제로 이 같은 취지에서 우리나라를 비롯한 많은 나라의 대학에서 자유전공 입학생을 늘리는 추세입니다.

미래는 다변화합니다. 과거에는 존재하지 않았던 수많은 직업이 생기고, 그 이상의 직업이 사라집니다. 어제는 존재했던 선택지가 내일은 존재하지 않을 수 있습니다. 이 같은 상황에서는 각자의 길을 찾기 위해 다양한 형식의 학습을 하고, 많은 길을 찾아봐야 합니다.

이는 교사 한 명이 여럿을 가르치는 시스템으로는 불가능한 일입니다.

물론 인간이 인간을 가르치는 것 자체를 무의미하다고 하는 것은 아닙니다. 인간관계 속에서 배울 수 있는 것은 지식만이 아니기 때문입니다. 하지만 현재는 한두 명의 지식만으로는 가르칠 수 없는 것이 너무 많습니다. 따라서 선생과 학생 관계는 유지하되 그를 보완하기 위한 AI 도입이 필요합니다.

프리랜서 :
왜 혼자 일하세요?

여기 구독자 100만 유튜버를 꿈꾸는 사람, A가 있습니다. A는 직장을 그만두고 유튜버 활동을 하며 돈을 벌기로 했는데요. 영상을 만들려고 했더니 영상 편집 프로그램을 하나도 다루지 못합니다. 공부해보려고 했지만 워낙 복잡해서 머리만 깨집니다.

그렇다면 A는 구독자 100만 유튜버의 꿈을 영영 이루지 못하는 걸까요? 그렇지 않습니다.

A는 먼저 '챗GPT'를 활용하기로 했습니다. 챗GPT에게 '내가 어떤 콘텐트를 만들면 좋을지'에 대해 물어보았습니다. 현재 유튜브에 올라오는 콘텐트의 종류가 여럿 나옵니다. '성공적인 유튜버가 되려면 어떻게 해야 하는지'에 대해서도, '유튜브 영상을 만들기 위해 필요한 AI 도구'에 대해서도 챗GPT는 막힘없이 답변을 해줍니다. A는 챗GPT의 답변을 읽으며 자신이 회사에서 겪은 재밌는 일을 주제로 영상을 올리기로 합니다.

이제 주제가 잡혔으니 영상을 만들어야 합니다. A는 '픽토리AI Pictory.AI'를 사용하기로 했습니다. 픽토리AI는 자신이 만들고자 하는 영상의 스크립트만 넣으면 자동적으로 내용과 어울리는 영상, 이미지를 매칭합니다. 그리고 영상을 만들어줍니다. 자막도 직접 쓸 필요 없이 간단하게 만들어줍니다.

물론 이대로 유튜브에 올리면 다른 영상에 밀릴 것입니다. 배경음도, 내레이션도 삽입되지 않은 무음 영상은 사람들이 별로 선호하지 않으니까요. 하지만 괜찮습니다. A에게는 'KT AI 보이스 스튜디오'가 있으니까요. KT AI 보이스 스튜디오에서는 AI에 내 목소리를 학습시킬 수 있습니다. 내 목소리를 사용하기 싫다면 아예 새로운 목소리를 만들 수도 있습니다. 그렇게 목소리를 만들어놓으면 스크립트를 입력하는 것만으로 오디오 파일을 생성해 줍니다.

그럼 이제 이 오디오 파일을 픽토리AI에서 만든 영상에 입히기만 하면 됩니다. 배경음악은 픽토리AI 자체에서 넣을 수도 있고, 무료 음악을 다운받아 넣을 수도 있습니다. 그리고 픽토리AI의 자잘한 기능 몇 가지를 활용하면 유튜브에 올릴 영상 하나가 뚝딱 만들어집니다.

A는 챗GPT를 활용하였으므로 따로 돈을 내고 컨설팅을 받을 필요가 없었습니다. 픽토리AI를 활용하였으므로 영상 편집 프로그램을 구매하거나 공부할 필요가 없었습니다. KT AI 보이스 스튜디오를 활용하였으므로 양질의 녹음을 하기 위해 녹음실 스튜디오에 찾아갈 필요가 없었습니다. 또한, AI를 활용한 덕분에 영상을 만드는 데 걸린 시간 또한 사람이 하나부터 열까지 다 만드는 것과는 비교할 수 없을 정도로 단축되었습니다.

물론 AI라고 해서 사용법을 정말 단 하나도 안 배워도 된다거나 돈이 십 원도 안 든다거나 하진 않습니다. 양질의 영상, 양질의 오디오를 만들기 위해서는 공부도 해야 하고, 사용료를 지불해야 하는 경우도 있습니다. 하지만 딱 하나만 제대로 만들어놓으면 그 이후로는 자동화에 가까운 수준으로 시간을 들이지 않고 영상을 만들 수 있습니다. 한 번만 제대로 배워놓고 한 번만 제대로 만들어 감을 잡으면, 그 뒤로는 입력값만 바꾸어 넣으면 되기 때문입니다. 덕분에 A는 영상을 만들기 위해 필요한 프로그램을 구매하는 데도, 공부하는 데도 돈과 시간을 들이지 않았고, AI를 활용하여 잔뜩 만든 영상을 유튜브에 업로드할 수 있었습니다. 그리고 처음에 생각한 것보다 훨씬 더 많은 수의 구독자를 거느린 유튜버가 될 수 있었습니다.

이것은 단순한 가정이 아닙니다. 현재도 실제로 일어나고 있는 일이고, 미래에는 더욱더 발전된 형태로 일어날 수 있는 일입니다. 현대는 AI 도구를 제대로 활용할 수 있는 것만으로도 일당백을 넘어 일당천이 될 수 있는 시대인 것입니다.

유튜버 :
평행우주에서 또 다른 나로 사세요

산스크리트어로 '아바따라avataara'라는 단어는 본래 고대 인도에서 '땅에 내려온 신의 화신'을 지칭하는 말입니다. 즉, '신은 맞지만 신 본인은 아닌 자' 또는 '신이 본래 머무르던 신계를 벗어나서 땅에 강림한 것'을 가리키는 말이었습니다. 일찍이 신화시대가 끝난 현재에는 사용하지 않을 듯한 이 단어는 또 하나의 현실인 인터넷이 활성화되며 '아바타Avatar'라는 단어로 바뀌어 사용되고 있습니다.

인터넷을 기반으로 한 가상현실은 이제 누구도 무시할 수 없는 또 하나의 현실이 되었습니다. 그리고 가상현실 속에서 우리는 얼마든지 '현실의 자신'을 드러내지 않으면서도, '분명히 존재하는 자신'을 만들어낼 수 있습니다. 수없이 많은 신이 인간이나 동물의 모습으로 변해 지상에 내려왔던 것처럼 현실의 인간이 다양한 모습으로 변해 가상현실에서 살아갈 수 있게 된 것입니다.

하지만 지금까지는 아바타를 만드는 데 한계가 있었습니다. 그 누가 보더라도 '현실의 자신'이라는 것을 알아채지 못할 정도로 '현실의 자신과 완전히 다른 나'를 만들 수 없었기 때문입니다. 그래서 아바타의 개념도 '문자'로만 이루어지는 채팅 등에 국한된 경향이 있었습니다.

그러나 이제는 AI의 발전으로 인해 진정한 의미의 아바타를 만들 수 있게 되었습니다. 또한, 이미 현실에서 활용되고 있습니다. 특히 개인적으로 영상을 제작해서 업로드하는 유튜버가 제일 많이 활용하고 있습니다.

'버츄얼 유튜버Virtual Youtuber', 줄여서 '버튜버'라고 부르는 유튜버는 자신이 업로드하는 영상에 자신의 본모습을 드러내지 않습니다. 대신에 2D나 3D 캐릭터를 만들어서 화면에 띄워놓거나 자신의 움직임에 맞추어 움직이게 합니다. 버튜버는 2016년에 일본에서 시작되었는데 상당히 오랫동안 '할 수 있는 사람만 할 수 있는 활동'에 머물렀습니다. 왜냐하면 영상 편집도 편집이지만, 직접 2D나 3D 캐릭터를 만들고 움직이게까지 하는 것은 고도의 기술이 필요한 일이었기 때문입니다. 모든 사람이 영상 편집 프로그램, 일러스트 프로그램, 3D 모델링 프로그램을 능숙하게 다룰 수는 없었기에 버튜버는 '누구나 할 수 있는 일'이 아니었습니다. 그리고 AI의 발전은 버튜버를 '누구나 할 수 있는 일'로 만들었습니다. 심지어 '버츄얼 아이돌'까지 만들어졌습니다.

플레이브는 2023년 3월에 데뷔한 '버츄얼 아이돌 그룹'입니다. 간단히 말해서 현실에는 존재하지 않는 가상 아이돌입니다. 게다가 2D와 3D가 뒤섞인 모습이어서 누구도 플레이브를 현실에 존재하는 사람이라고 생각하지 않습니다. 하지만 플레이브는 '현실의 사람으로 이루어진 아이돌 그룹'보다 훨씬 인기몰이를 하고 있습니다. 미니 앨범 초동 판매량이 56만 장을 넘었는데, 이는 현실의 사람으로 이루어진 대다수 아이돌 그룹의 데뷔 앨범 판매량을 뛰어넘는 수치입니다. 게다가 플레이브는 단순히 유튜브 같은 영상 플랫폼이나 멜론 같은 음악 판매 플랫폼에만 머무르지 않습니다. 2024년 4월에는 현실의 공연장에서 단독 콘서트를 개최합니다. 일본에서 '하츠네 미쿠'라는 '음성 합성 소프트웨어 캐릭터'가 홀로그램 형태로 공연장에서 노래를 부른 것과 같은 일이 우리나라에서도 일어나는 것입니다.

AI의 발전은 누구나 영상을 편집하고, 목소리를 바꾸고, 오디오 파일을 만들고, 다른 사람 앞에 보여줄 새로운 모습을 만들 수 있게 해주었습니다. 덕분에 우리는 가상현실에 진정한 의미의 아바타를 내려보낼 수 있게 되었습니다.

소상공인 여러분,
인건비 걱정 끝!

인간은 뇌 기능의 100%를
쓰지 못한다?

'고도로 발달한 기술은 마법과 구별할 수 없다.'

SF 작가인 아서 C. 클라크가 얘기한 과학 3법칙의 세 번째 말은 현대에 유사과학이 사라지지 않는 이유를 알려주고 있습니다. '마법'처럼 느껴질 정도로 이해하기 어려운 기술은 응용과정이나 응용한 결과도 이해하기가 어렵기 때문입니다.

따라서 기술을 응용한 과정이나 그로 인한 결과물을 최대한 이해하기 쉽게 축소하고 생략하는 과정에서 알맹이가 달라져 유사과학이 되는 경우도 있습니다.

이 같은 유사과학의 일례로 '인간은 뇌 기능의 100%를 사용하지 못한다.'가 있는데요. 이는 '인간은 뇌 자체는 100% 활용하고 있지만, 상황에 따라 활용하지 않는 구간이 있다.'라고 정정할 수 있습니다.

인간이 뇌 기능의 100%를 활용하지 못 하는 경우는 딱 하나입니다. 바로 어떤 형태로든 뇌에 손상을 입어 장애가 생겼을 때입니다.

인간은 의식적으로도 무의식적으로도 뇌를 100% 사용하고 있습니다. 다만 필요에 따라 더 활용하거나 덜 활용하는 경우가 있을 뿐입니다.

만약 지금 당장 달리기를 하는 중이라고 가정해봅시다. 달리기를 하고 있을 때는 뇌에서 몸에 '달리는 데 필요한 명령'을 내려야 합니다. 전신의 근육을 활성화하는 것이 1순위가 되는 것입니다. 이것은 즉, 달릴 때는 '달리는 것 외의 잡생각'을 할 필요가 없다는 말이 됩니다. 당장 오늘 아침에 먹은 것에 대한 회상이나 달리기를 마친 뒤에 무엇을 할지 생각하는 부분은 활성화할 필요가 없습니다. 그러다 보면 자연스럽게 생각이 줄어들고 몸만 움직이게 됩니다. 많은 사람이 '몸을 움직이고 있으면 잡생각이 사라진다.'라고 말하게 되는 이유가 바로 이것입니다.

이렇게 인간은 뇌 자체는 100% 활용하고 있습니다. 그렇다면 이 같은 의문이 들지도 모릅니다.

'그러면 모두 다 뇌를 100% 활용하는데, 왜 누구는 똑똑하고 누구는 멍청하지?'

그 차이점은 바로 '선택과 집중'에서 나옵니다. 앞서 말했듯이 달릴 때는 달리는 것 외의 잡생각을 하지 않게 됩니다. 반대로 생각에 빠져 있을 때는 생각하는 것 외의 잡생각을 하지 않게 됩니다. 하려는 일에 집중하기 때문입니다.

그런데 한꺼번에 여러 가지 일을 하게 되면 집중력이 분산됩니다. 예를 들어, '달리기를 하면서 저녁 메뉴를 어떻게 할지 고민'한다면 아무 생각 없이 달리기를 할 때보다 훨씬 피곤해집니다. 또는 '공부를 하면서 다리를 계속 움직여 운동을 하면' 평소보다 더 길게 공부했어도 머릿속에 남은 것이 얼마 없게 됩니다.

즉, 인간은 한 번에 한 가지 이상의 행동을 하려고 하면 집중력이 분산되고 효율이 떨어지게 됩니다. 이는 자본이 많지 않은 소상공인이 경영에 어려움을 겪는 이유이기도 합니다.

현대는 과거와 비교할 수 없을 정도로 복잡해졌습니다. 물건을 하나 팔려면 열 가지의 일을 해야 할 정도입니다. 이를 위해 다른 사람을 고용해서 '회사'를 만드는 사람도 있습니다. 하지만 모든 사람이 회사를 만들 수 있을 정도의 경제력이 있는 것은 아닙니다. 결국 직원을 많이 고용할 수 없는 소상공인은 몸이 열 개였으면 좋겠다 싶을 만큼 이리 뛰고 저리 뛰는 게 일상이었습니다.

그러나 이제는 다릅니다. AI를 어떻게 활용하느냐에 따라 몸이 열 개로 불어난 것과 같은 효과를 얻을 수 있기 때문입니다. 그게 정말로 가능하냐고요? 가능합니다. 왜냐하면 '고도로 발달한 기술은 마법과 구별할 수 없기' 때문입니다.

단골 미용실 원장님께 :
이제 말이 아닌 사진으로!

대부분 사람은 변화보다는 안정을 추구하는 경향이 있습니다. 또한, 선택에 의한 위험을 줄이고 이득을 높이려는 경향도 큽니다. 그래서 '지금까지 쭉 안정적인 이득을 취할 수 있던 곳'을 선택하고, '잘못된 선택을 했을 때 위험이 큰 곳'은 신중하게 선택합니다. 그리고 이같은 생각이 밑바탕이 되어 '단골 가게'를 정하게 됩니다.

가던 병원에 찾아가고, 가던 식당에 찾아가고, 가던 카페에 찾아가죠. 가게의 사람이 바뀌지 않는 이상엔 지금까지와 차이가 없는 양질의 서비스를 받을 수 있다고 생각하기 때문입니다. 그리고 이 같은 경향이 극대화되어 나타나는 곳 중 하나는 바로 미용실입니다.

"어떻게 잘라드릴까요?", "기장은 어느 정도로 할까요?", "어느 정도 길이로 잘라드릴까요?" 미용실에서 흔히 들을 수 있는 질문에 대답하는 것은 쉽습니다. 하지만 그 대답을 미용사가 알아듣고 그대로 잘라줄 수 있는지는 확신할 수 없습니다. 아무리 말로 설명하고,

인터넷에서 발견한 사진을 보여주며 이대로 잘라달라고 해도 마찬가지입니다. 애초에 인터넷에 돌아다니는 사진대로 자른다 한들 그 스타일이 나한테도 어울리는지 어떤지는 잘라보기 전에는 알 수 없기도 하고요. 그래서 지금까지는 대부분 사람이 '내가 제대로 설명하지 못해도, 알아서 제대로 잘라주는 경우가 많은' 미용실을 접하면 그 미용실만 찾아가게 되었습니다. 물론 이 경우에도 언제나 100% 내 마음에 드는 스타일로 머리를 자를 수 있는 것은 아니지만요.

그렇다면 '내가 진심으로 원하면서도 나한테 어울리는 스타일'로 머리를 자르는 것은 불가능할까요? 그렇지 않습니다. AI의 발전 덕분에 머리를 자르기도 전에 내가 원하는 스타일의 머리를 하면 어떤 모습이 될지를 확인할 수 있게 되었습니다.

YouCam Enhance의 AI Hairstyle Changer에서는 자신의 사진을 사용해서 헤어스타일을 마음껏 바꾸어 볼 수 있습니다.

다음의 첫 번째 사진은 제가 찍은 기본 사진이고, 두 번째와 세 번째 사진은 제 사진으로 헤어스타일을 바꾼 결과물입니다.

AI × 인간지능의 시대

AI를 활용해서 만든 사진이라고 말하지 않으면 깜박 속아넘어갈 정도로 자연스럽죠. 따라서 내가 사진과 같은 헤어스타일로 머리를 자르면 똑같은 결과가 될 것이라고 확신할 수 있습니다. 그만큼 내게 자연스러운 헤어스타일을 미리 알아보고, 어떤 스타일로 자르면 보기 좋을지를 알아볼 수도 있습니다. 자신이 선택한 헤어스타일의 사진을 보여주며 이렇게 잘라달라고 하면 미용사가 어지간히 실력이 없는 게 아닌 이상엔 마음에 드는 결과물을 얻을 수 있을 것입니다.

이는 미용실에서 활용할 방법도 무궁무진합니다. 보통 미용실에서는 예전에 왔던 손님의 사진으로 헤어스타일을 설명하는데, 이 같은 방식으로는 독특하거나 파격적인 헤어스타일을 자료로 남겨놓기가 어렵습니다.

또한, 예전에 자른 손님과 지금 머리를 자르러 온 손님의 외모 차이도 큰 문제가 됩니다. 예전 손님에게 잘 어울리는 스타일이 지금 손님에게도 잘 어울린다는 보장이 없으니까요. 어느 정도 추측은 할 수 있지만 잘라보기 전까지는 확신할 수 없었습니다.

하지만 이 AI를 활용하면 손님의 현재 사진을 찍는 것만으로 손님에게 어울리는 헤어스타일을 함께 찾아볼 수 있습니다. 손님은 자신의 사진을 헤어스타일을 찾아보는 용도로만 사용하겠다는 다짐만 받으면 되고요.

이제 미용실에서 마련해두는 헤어스타일의 예시 사진도 여러 명에게 협조를 구할 필요가 없습니다. 남자 한 명, 여자 한 명의 기본 사진 한 장씩 해서 모두 두 장의 사진만 있으면 얼마든지 다양한 예시 사진을 만들 수 있으니까요.

내가 자원이 부족해서 못 하는 활동

AI 활용 전략
신규 자원 투자를 최소화하며, 활동을 새롭게 시작(Start)

AI를 안 쓰는 내 현재 상태 예시
시술 후 고객에게 개인 메시지로 추가 정보를 보내주고 싶은데, 시간이 부족해서 엄두를 못내고 있다

AI로 지능을 확장한 내 미래 목표 예시
시술 후에는 헤어 관리를 어떻게 하면 좋을지, 일정 시간이 지난 후에는 어떤 스타일을 해보면 좋을지를 알려주고 싶다. 고객 특성, 추천하는 헤어스타일을 유형별로 나눠서 정리해두면, 가능할 것 같다.

AI 활용 전략
내 역량을 넘어서는 활동을 시도(Try)

AI를 안 쓰는 내 현재 상태 예시
강남의 어떤 성형외과는 원장이 미술 실력이 뛰어나서, 고객에게 미리 얼굴 스케치를 보여주는 사례를 봤다. 그런데 나는 그림 실력이 부족해서 고객에게 헤어스타일 변화를 그림으로 보여주기는 어렵다.

AI로 지능을 확장한 내 미래 목표 예시
AI 도구를 활용해서 손님이 원하는 헤어스타일을 미리 손님 얼굴에 입혀서 보여주고 싶다.

내가 역량이 부족해서 못 하는 활동

내가 자원을 투자해서 하고 있는 활동

AI 활용 전략
기존 활동의 가치를 유지하면서, 내 자원을 최대한 회수(Recover)

AI를 안 쓰는 내 현재 상태 예시
네이버 플레이스에 고객이 리뷰를 남기면 답글을 달고 있다. 고객 관리 차원으로 시간을 투자하고 있다.

AI로 지능을 확장한 내 미래 목표 예시
AI 도구를 활용하면 이런 답변 작성에 소요되는 시간을 크게 줄일 수 있을 것 같다. 그리고 지금은 댓글을 단순 복사해서 붙여 넣는 형태인데, 고객에게 좀 더 개인화된 내용을 남겨주고 싶다.

AI 활용 전략
교육/훈련 효율화, 협업으로 내 역량을 증폭(Amplify)

AI를 안 쓰는 내 현재 상태 예시
외모에 맞는 헤어스타일에 대해 연구하고 있지만, 손님의 외모도 원하는 헤어스타일도 제각각이어서 '이 외모에 이 헤어스타일'을 시험해 볼 기회가 적다.

AI로 지능을 확장한 내 미래 목표 예시
AI를 사용해서 다양한 외모에 다양한 헤어스타일을 매칭해보고, 외모 특징에 걸맞는 헤어스타일을 물색할 수 있다.

내가 역량을 투자해서 하고 있는 활동

동네 치킨 장인께 :
MZ세대에 맞게 MBTI 치킨을!

만약 지금 이 책을 읽고 계신 분이 수도권 거주자라면 지금 당장 나가서 10분만 걸어보세요. 아무리 외진 곳에 거주하는 분이라고 해도 최소 한 곳 이상의 음식점을 지나갈 것입니다.

우리나라는 '외식공화국'이라 불러도 될 정도로 음식점이 많습니다. 한국외식산업연구원에서 발간한 '2022 한국외식사업 통계연감'을 보면 좀 더 구체적인 수치를 확인할 수 있습니다.

출처 : 국세청, 국세통계(2017~2021), 원자료 및 재가공

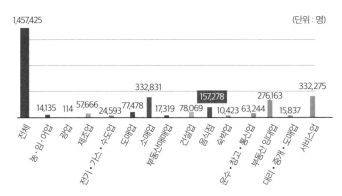

출처 : 국세청, 국세통계(2017~2021), 원자료 및 재가공

통계청 자료에 의하면 2020년의 외식산업 사업체 수만 총 804,173개였습니다. 외식산업에 종사하는 사람 수만 해도 191만 명이 넘고요.

월평균 외식 지출 비용

■ 1만 원 미만 ■ 1만~3만 원 미만 ■ 3만~5만 원 미만 ■ 1만 원 미만 ■ 1만~2만 원 미만 ■ 2~3만 원 미만
■ 5만~10만 원 미만 ■ 10만 원 이상 ■ 3만~5만 원 미만 ■ 5만~10만 원 미만 ■ 10만~20만 원 미만
■ 20만 원 이상

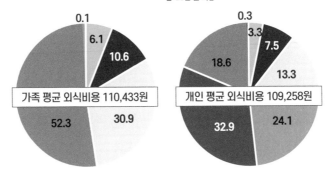

가족 평균 외식비용 110,433원

0.1
6.1
10.6
52.3
30.9

개인 평균 외식비용 109,258원

0.3
3.3
7.5
18.6
13.3
32.9
24.1

출처 : 한국농촌경제 연구원, 식품소비행태조사 2021

코로나19로 인해 음식점 신규사업자가 줄어들고 있는 중에도 불구하고 산업별 신규사업자를 따져보면 소매업, 서비스업, 부동산 임대업에 뒤이어 음식업이 4위를 차지하였습니다. 전체 산업의 신규 사업자 수를 고려하면 2021년에 새로 사업을 시작한 사람 10명 중 1명이 음식업을 시작한 겁니다.

가족 단위로도, 개인 단위로도 외식과 떨어진 삶은 상상할 수도 없을 지경입니다. 즉, 외식 산업은 시장도 크고, 수요도 많은데, 경쟁자도 많은 산업인 것입니다. 레드 오션은 레드 오션인데 그 넓이가 태평양보다도 넓은 거죠.

따라서 외식 산업에서 살아남기 위해서는 계속 발전해야 합니다. 소비자의 취향은 한정적인데 대체재가 흘러 넘치는 수준이어서 이번에 먹은 게 마음에 안 들면 곧바로 다른 가게를 찾기 때문입니다. 즉,

A 치킨집에서 양념 치킨을 시켜 먹었는데 맛이 없었다고 하면, 다음에는 A 치킨집에서 핫 양념 치킨이나 후라이드 치킨을 시켜 먹는 게 아니라 B 치킨집에서 양념 치킨을 시켜 먹는 것입니다. 치킨집이 A만 있거나 A, B만 있으면 모르겠지만 A부터 Z를 넘어 A', B'로 이어질 만큼 많은 상황이니 소수의 가게에 집착할 필요가 없기 때문입니다.

그러므로 외식 산업에서 살아남기 위해서는 계속 발전하고, 변화해야 합니다. 또한, 단지 소비자의 취향에 맞추는 것이 아니라 소비자의 취향을 만들어 변화를 주도해야 합니다. 그렇게 하지 않으면 순식간에 휩쓸려 떠내려가 도태되는 것입니다.

외식 산업에 종사하는 사람도 '신메뉴 개발'이 매우 중요하다는 점은 잘 알고 있습니다. 대기업 프랜차이즈 음식점이 얼마나 많은 신메뉴를 내는지, 얼마나 많이 마케팅을 하는지는 설명할 필요도 없을 정도입니다. 하지만 동네 치킨집, 동네 분식집 등은 현실적으로 그렇게까지 공격적인 확장을 할 방법이 없습니다. 아예 메뉴 개발팀, 마케팅팀까지 따로 만들어져 있는 대기업 프랜차이즈 음식점과는 같은 링에 서는 것조차 불가능합니다.

여기 'MBTI 유형을 기반으로 한 새로운 치킨 메뉴를 개발하고 싶은 동네 치킨집 사장님'이 있다고 가정해 봅시다. 모든 음식이 그렇듯 새로운 메뉴를 개발하는 것은 상당히 어려운 일입니다. 맛있어 보이는 재료를 합쳤는데 1+1이 아니라 1-2가 되는 경우가 있습니다. A 방법을 쓰면 A' 맛을 낼 수 있을 것이라 예상했는데 Z 맛이 나는 경우도 있습니다. 또한, 개인이 머리를 쥐어짜내어 만드는 것이므로 '개인이 아는 재료' 이상의 재료를 쓸 수는 없습니다.

현실적으로 모든 경우의 수를 다 시도해 볼 수도 없고, 그 '모든 경우의 수'가 개인의 경험과 지식의 한계 내에 머물러 있으므로 정말 색다른 메뉴를 개발하기 위해서는 돈과 지식이 절대적입니다. 그리고 이 돈과 지식의 한계로 인한 문제는 AI를 통해 해결할 수 있습니다.

　　이제 'MBTI 유형을 기반으로 한 새로운 치킨 메뉴를 개발하고 싶은 동네 치킨집 사장님'은 챗GPT에서 다음과 같은 질의응답 과정을 통해 도움을 받을 수 있습니다.

챗GPT와의 문답 ——02

MBTI 유형을 기반으로 치킨 메뉴를 개발하려고 한다. MBTI 유형별 특징 & 그에 따른 치킨 구성을 제시해주라.

MBTI는 심리학적으로 개발된 성격 유형을 분류하는 도구입니다. 각 MBTI 유형은 개인의 선호 및 특징을 반영하므로 이를 기반으로 한 치킨 메뉴 개발은 재미있는 아이디어입니다. 아래에서는 각 MBTI 유형에 따른 특징과 그에 맞는 치킨 메뉴를 제시해보겠습니다.

• ISTJ(근면가형)

신중하고 조용한 성향으로, 전통적이고 안정된 것을 선호합니다.

클래식 치킨 플래터
전통적인 프라이드 치킨과 함께, 고소한 감자 퓨레와 신선한 채소를 곁들인 클래식한 메뉴

• ENFP(활발한 활동가형)

창의적이며 즉흥적이며 사람들과의 교류를 즐깁니다.

파티 플래터
다양한 소스와 토핑이 들어간 치킨 너겟과 핫윙으로 이루어진 파티용 메뉴

• INTP(논리적인 사색가형)

분석적이며 창의적이며 독창적인 해결책을 찾습니다.

테크노 치킨 피자
치킨 토핑과 과일, 특별한 소스로 만든 독특한 피자. 창의적이고 흥미로운 맛의 조합

• ESFJ(사교적인 외교관형)

친절하고 사교적이며 타인의 감정에 민감합니다.

패밀리 치킨 세트
다양한 종류의 치킨과 사이드 디시를 함께 즐길 수 있는 가족용 세트 메뉴

• ISTP(만능형)

호기심이 많고 현실적이며 적응력이 좋습니다.

어드벤처 치킨 롤
다양한 재료와 소스로 만든 롤 형식의 치킨 메뉴. 다양한 맛을 경험할 수 있는 롤 메뉴

이는 단순한 참고 사항으로, 각 MBTI 유형은 개인마다 다양한 특징과 선호도가 있을 수 있으므로 실제로 치킨 메뉴를 개발할 때에는 이러한 점을 고려하여 보다 다양하고 맞춤형 메뉴를 제공하는 것이 좋습니다.

전통적인 프라이드 치킨과 함께, 고소한 감자 퓨레와 신선한 채소를 곁들인 클래식한 메뉴를 만드는 방법을 알려줘.

클래식한 메뉴로서 전통적인 프라이드 치킨과 함께 고소한 감자 퓨레와 신선한 채소를 곁들이는 방법은 아래와 같습니다.

재료
• 프라이드 치킨
• 감자
• 우유
• 버터
• 소금
• 후추
• 신선한 채소(양상추, 토마토, 오이 등)
• 올리브 오일 또는 식용유
• 샐러드 드레싱(선택 사항)

만드는 방법

① 프라이드 치킨 준비

먼저, 전통적인 방식으로 치킨을 프라이드하여 노릇하게 튀깁니다. 필요에 따라 소금, 후추 또는 다른 양념으로 치킨을 조리합니다.

② 감자 퓨레 만들기
- 감자를 깨끗이 세척한 후 껍질을 벗겨 크게 썰어 끓는 물에 넣고 익힙니다.
- 익힌 감자를 물기를 제거하고 부드럽게 으깨어 감자 퓨레를 만듭니다.
- 감자 퓨레에 우유, 버터, 소금, 후추를 넣고 고루 섞어 맛을 조절합니다.

③ 채소 손질

양상추를 깨끗이 씻어 물기를 털어서 준비합니다. 토마토와 오이도 잘게 썰어 준비합니다.

④ 클래식한 메뉴 조합

• 접시에 프라이드 치킨을 올리고 옆에 감자 퓨레를 곁들입니다.
• 신선한 채소들을 옆에 담거나 치킨 위에 곁들여 서빙합니다.
• 샐러드 드레싱을 따로 제공하여 원하는 만큼 사용할 수 있도록 합니다.

⑤ 서빙

클래식한 조합이 완성되면 옆에 식초, 케첩 또는 기타 소스를 제공하여 고객의 취향에 따라 추가할 수 있도록 합니다.

이렇게 하면 전통적이고 클래식한 맛과 함께 고소한 감자 퓨레와 신선한 채소를 곁들인 메뉴를 즐길 수 있습니다.

전통적인 프라이드 치킨과 함께, 고소한 감자 퓨레와 신선한 채소를 곁들인 클래식한 메뉴를 어떻게 마케팅하면 좋을까?

전통적인 프라이드 치킨과 함께 고소한 감자 퓨레와 신선한 채소를 곁들인 클래식한 메뉴를 마케팅하는 데에는 몇 가지 전략을 활용할 수 있습니다. 여기에는 몇 가지 아이디어가 있습니다.

① 클래식한 맛 강조

메뉴의 전통적이고 클래식한 특성을 강조하여 고객들에게 익숙하고 안정된 맛을 알리십니다. "부드러운 감자 퓨레와 고소한 프라이드 치킨, 그리고 신선한 채소로 완벽한 조화를 경험하세요."

② 품질과 신선함 강조

고객들에게 메뉴의 신선하고 고품질 재료를 강조하여 믿음과 신뢰를 구축합니다. "우리의 감자는 매일 신선하게 공급되며, 치킨은 최상의 품질의 식재료로 만들어집니다."

③ 시각적인 이미지 사용

소셜 미디어나 메뉴판에 시각적으로 매력적인 이미지를 사용하여 고객들의 입맛을 자극합니다. 고소한 감자 퓨레와 신선한 채소가 곁들인 치킨의 아름다운 사진을 게시해보세요.

④ 특별한 혜택 제공

특별한 이벤트나 프로모션을 통해 고객들에게 특별한 혜택을 제공합니다. 예를 들어, "오늘만! 클래식 메뉴를 주문하면 음료가 무료!"와 같은 혜택을 제공하여 이벤트를 홍보합니다.

⑤ 고객 리뷰 및 테스티모니얼 활용

고객들의 긍정적인 리뷰와 테스티모니얼을 활용하여 메뉴의 맛과 품질을 강조합니다. "우리의 고객들이 사랑하는 클래식 메뉴! 이들의 솔직한 평가를 확인해보세요."

⑥ 체험적 마케팅

맛있는 샘플을 나눠주거나 시음 이벤트를 개최하여 고객들이 직접 메뉴를 체험하고 맛을 확인할 수 있도록 합니다.

이러한 마케팅 전략을 통해 전통적이고 클래식한 메뉴를 성공적으로 홍보하고 고객들의 관심을 끌어낼 수 있을 것입니다.

처음 한 번의 질의응답으로 전반적인 신메뉴 치킨 개발에 대한 로드맵을 짤 수 있었고, 두 번째의 질의응답으로 ISTJ를 대상으로 한 치킨 메뉴의 상세한 조리법을 배웠으며, 세 번째의 질의응답으로 ISTJ를 대상으로 한 치킨 메뉴를 어떻게 홍보하면 좋을지에 대한 방법을 알 수 있었습니다.

이 과정에서 사장님이 한 것은 '어떤 집단을 대상으로 신메뉴를 만들지'에 대한 고민과 결정, 챗GPT와의 세 번의 질의응답이었습니다.

물론 챗GPT가 알려준 대로 신메뉴를 만든다고 해서 그 메뉴가 정말 맛있는지, 정말로 MBTI 유형에 따라 그 메뉴를 선호할지는 아무도 알 수 없습니다. 오히려 애써 만들었는데 인기가 없을 수도 있습니다.

그렇다면 이 모든 과정은 큰 의미가 없는 것일까요? 그건 AI를 '모든 것을 해결해주는 만능 해결사'라고 생각했을 때 빚어지는 큰 오해입니다. AI는 '개인의 경험과 지식만으로는 생각할 수 없는 것을 생각할 수 있게 도와주는' 도구입니다.

앞서 말한 '전통적인 프라이드 치킨과 함께, 고소한 감자 퓨레와 신선한 채소를 곁들인 치킨 메뉴'를 예로 들어 설명하자면, 이 메뉴는 치킨과 감자 퓨레, 샐러드를 조합한 것입니다. 이는 치킨 그 자체의 맛을 끌어올리는 데만 신경을 쓰면 생각조차 할 수 없습니다. 치킨에 감자 퓨레와 샐러드를 곁들이겠다는 발상도 열 명이면 열 명이 다 떠올릴 수 있는 것이 아닙니다.

마케팅 방법도 마찬가지입니다. '마케팅이 중요하다.'라는 말은 누구나 한 번 이상 들어봤지만, 구체적인 마케팅 방법을 아는 사람은 많지 않습니다. 특정 상품을 마케팅해야 하는 경우는 더욱 그렇습니다. 그렇기에 메뉴 개발팀이 만들어지고, 마케팅팀이 만들어지는 것입니다.

AI는 이 복잡하고 어려운 일을 개인도 할 수 있도록 해 줍니다. 수많은 시행착오 과정을 줄여주고, 개인적 한계 이상의 결과물을 만들 수 있게 해 줍니다. 과거의 방식이었다면 수없이 소비되었을 자원을 절약하고, 더 중요한 일에 쓸 수 있게 해 주는 도구가 바로 AI입니다.

이제 'MBTI 유형을 기반으로 한 새로운 치킨 메뉴를 개발하고 싶은 동네 치킨집 사장님'은 'ISTJ를 대상으로 한 치킨 메뉴'를 만들기 위해 프라이드 치킨을 어떻게 튀기고, 어떻게 양념하면 더 맛있을지 또는 감자 퓌레를 만들 때 재료 비율은 어떻게 할지, 샐러드는 어떤 드레싱을 곁들이고 양은 어느 정도로 하면 되는지 등만을 고민하고 연구하면 되는 것처럼요.

내가 자원이 부족해서 못 하는 활동

AI 활용 전략
신규 자원 투자를 최소화하며, 활동을 새롭게 시작(Start)

AI를 안 쓰는 내 현재 상태 예시
신메뉴 치킨을 만들고 싶은데 여유자금이 없어서 이것저것 시도해 볼 여력이 안된다.

AI로 지능을 확장한 내 미래 목표 예시
AI를 활용해서 '새로운 치킨 조리법'을 찾아보고 거기에 쓰이는 재료만 최소한으로 구입해서 시식용을 만들어 본다.

AI 활용 전략
내 역량을 넘어서는 활동을 시도(Try)

AI를 안 쓰는 내 현재 상태 예시
판매하고 있는 메뉴나 앞으로 새로 만들 메뉴를 마케팅하고 싶은데, 이런 것을 배워본 적이 없어서 어떻게 할지 갈피를 못 잡겠다.

AI로 지능을 확장한 내 미래 목표 예시
AI를 활용해서 시장조사나 고객 분석을 해보려 한다. AI를 써서 틱톡에 올릴 홍보 영상도 만들려고 한다.

내가 역량이 부족해서 못 하는 활동

내가 자원을 투자해서 하고 있는 활동

AI 활용 전략
기존 활동의 가치를 유지하면서, 내 자원을 최대한 회수(Recover)

AI를 안 쓰는 내 현재 상태 예시
치킨을 튀기는 데 쓰는 시간, 노력이 제일 크다.

AI로 지능을 확장한 내 미래 목표 예시
일부 프랜차이즈 치킨 업소에서 치킨을 튀기는 AI 로봇을 도입하고 있다고 들었다. 앞으로 정부에서 소상공인을 위한 로봇 보급을 지원한다고 하니, 나도 기회가 되면 주방에 AI 로봇을 도입해서 장기적으로 시간, 인건비를 줄이고 싶다.

AI 활용 전략
교육/훈련 효율화, 협업으로 내 역량을 증폭(Amplify)

AI를 안 쓰는 내 현재 상태 예시
배달앱 고객 리뷰에 대해 정성스럽게 댓글을 남기고 있다. 나름 유머감각이 좋은 편이어서 익살스럽게 소통하고 있다.

AI로 지능을 확장한 내 미래 목표 예시
최신 트렌드, 세대별 감성, 유행하는 사투리 표현까지 고려해서 댓글 관리를 하고 싶다. AI 도구를 써서 몇 번 문장을 고쳐 보면, 익숙해질 것 같다.

내가 역량을 투자해서 하고 있는 활동

부동산 사장님께 :
하나의 집을 열 개의 설명으로!

지금 이 책을 읽고 계신 분 중에 '복덕방'이라는 단어를 들어본 분이 몇 명이나 될지 알 수 없어 모든 분이 이 단어를 한 번쯤은 들어 봤을 거라고 확신하지는 못하겠습니다. 복덕방福德房은 한자 그대로 뜻풀이를 하면 '복과 덕이 들어오는 곳'이라는 의미인데요. 이는 '부동산중개사무소', 이제는 '공인중개사사무소'로 불리는 곳의 옛 명칭입니다.

'복과 덕이 들어오는 곳'이라고 불릴 만큼 잘나가던 부동산은 현재도 잘나가는 곳은 잘나가지만, 안 되는 곳은 안 되는 상황입니다. 왜냐하면 땅은 정해져 있고, 건물은 위나 옆으로 늘어나려면 꽤 많은 시간이 걸리기 때문입니다. 그렇다고 해서 일본의 버블시대처럼 짓기만 하면 팔리는 때도 아닙니다. 또한, 땅도 집도 '돈만 되면 사고 싶어 하는' 잠재적 수요자 자체는 많지만, '실제로 구매력이 있어서 정말로 살 수 있는' 실구매자는 많지 않습니다. 그런데 부동산 사장님 수는 많으니 이미 정해져 있는 파이 중에 많은 부분은 예전부터 해오던 사람이나 인맥 등의 자원이 많은 사람이 꽉 쥐고 있고, 적은 부분을 여럿이 갈라먹을 수밖에 없는 실정입니다.

즉, 부동산업은 팔 수 있는 매물이 만들어지는 데 시간이 걸리고, 실구매자가 급증하지도 않으면서 경쟁자는 많은 산업이라고 정리할 수 있습니다. 그렇다면 이 같은 시장에서 살아남기 위해서는 어떻게 해야 할까요? 간단하면서도 어렵습니다. 바로 나만의 방법을 새로 만들어 보는 것입니다.

그렇다면 부동산업에서 무엇을 어떻게 해야 할까요?

부동산업은 결국 세일즈이자 마케팅입니다. 특히 다루는 매물의 가격이 어마어마하죠. 따라서 부동산업에서는 고객이 '아무에게나 찾아가지 않는' 특성이 두드러지게 나타납니다. 직접 만나서 신뢰할 수 있는 사람인지 아닌지를 따지기 전에 한 번 걸러내는 작업을 하여 '믿을 만한 사람'을 찾아가는 경우가 많습니다. 즉, '일단 만났을 때 신뢰를 주겠다.'라고 생각하면 뒤처질 수밖에 없습니다.

또한, 땅도 집도 돈이 많은 사람이 아니면 몇 번이든 구매할 수 있는 매물이 아닙니다. 그러므로 처음 한 번의 거래에서는 신뢰할 수 있는 부동산 사장님을 찾고, 두 번째 거래 이후부터는 이전에 만났던 부동산 사장님을 찾아갑니다.

즉, 첫 거래를 앞둔 고객을 잡기 위해서는 자기 PR이 중요하고, 한 번이라도 거래를 한 고객을 자신의 단골 고객으로 만들기 위해서는 '고객관리'가 중요합니다. 따라서 부동산업에서는 '자기 PR'과 '고객관리'가 최우선입니다.

그렇다면 부동산업에서는 어떻게 자기 PR과 고객관리를 하면 될까요? 예전처럼 발품을 팔며 인맥을 쌓고, 명함집을 배불리고, 수첩을 깜지처럼 쓰기만 하면 될까요? 물론 이런 아날로그적인 방법을 써도 됩니다. 어떤 방법이든 옳고 그름을 가릴 수 있는 것이 아니고, 각자 취향에 맞는 방법이 있으니까요.

하지만 우리는 서울에서 부산까지 걸어 갈 수 있다는 것을 알면서도 국토대장정 같은 활동을 하는 것이 아니면 걸어서 부산까지 가려 하지 않습니다. 대신 KTX나 비행기를 타고 가죠. 이처럼 부동산업에서의 자기 PR과 고객관리도 예전보다 훨씬 더 효율적으로 할 수 있게 되었습니다.

먼저 자기 PR 분야입니다. 자기 PR을 하려면 우선 자신에 대해 알아야 합니다. 그리고 무엇을 내세워야 부동산을 찾는 사람에게 신뢰를 줄 수 있을지 고민해야 하죠. 또한, 어떤 방식으로 자신의 장점을 소개해야 하는지에 대해서도 깊이 생각해보아야 합니다. 소개 방식을 결정했다면 양질의 콘텐트를 만들어야 합니다.

예전에는 이 같은 과정을 전부 사람이 해결해야 했습니다. 하지만 이제는 처음 두 단계만 하면 됩니다. 나머지 단계는 AI를 활용하면 쉽게 해결할 수 있기 때문입니다.

자신이 어떤 사람인지를 파악하는 것은 어렵습니다. 그리고 자신이 일하는 분야에서 자신의 어떤 점을 내세워야 하는지를 파악하는 것도 어렵습니다.

또한, 자신을 어떤 방식으로 소개해야 하는지를 파악하는 것도, 소개 방식에 알맞은 양질의 콘텐트를 만드는 것도 어렵습니다.

AI × 인간지능의 시대

하지만 AI를 활용하면 자신이 어떤 사람인지를 파악하는 것에만 집중할 수 있습니다. 자신에 대한 이해가 높으면 자신의 장단점이 무엇인지 명료하게 파악할 수 있습니다. 그리고 자신이 일하는 분야를 더 깊이 이해하고 자신의 어떤 점을 내세워야 하는지를 파악하기도 쉬워집니다. 예전이었다면 결과물을 만드는 데 쏟았어야 했을 에너지까지 전부 생각에 집중하니 사고의 깊이가 더욱 깊어지는 겁니다.

AI의 활용법은 무궁무진합니다. 이제는 영상에 입힐 오디오 파일이나 쇼츠 영상도 간단하게 만들 수 있습니다.

AI 사용법을 논하는 책이 아니므로 이에 대해서는 짧게 결과물만 보여드리겠습니다.

미리 한 가지 조언을 드리자면 긴 영상이 아니라 쇼츠 영상을 만드는 이유는 최근 트렌드가 쇼츠 영상이기 때문입니다. 유튜브의 긴 영상조차 처음부터 끝까지 보기 힘들다며 틱톡이나 쇼츠를 시청하는 사람이 늘어나는 추세입니다.

또한, 처음부터 너무 긴 영상을 올리는 것보다는 짧은 영상을 여러 개 올려서 반응을 지켜보다가 어느 정도 인기가 높아졌을 때 긴 영상을 올리는 것이 좋습니다. 구독자가 생기기도 전에 너무 긴 영상을 잔뜩 올려놓으면 차마 손 댈 엄두도 나지 않아서 시청 자체를 포기하는 사람도 있기 때문입니다.

챗GPT를 활용한 쇼츠 영상 만들기

① 챗GPT를 활용한 쇼츠 대본 만들기

• 나 자신의 강점을 파악하여 챗GPT에게 쇼츠 영상 대본을 만들어달라고 요청한다. 이때, 구체적이면 구체적일수록 좋다.

 강동구 강동역에 있는 부동산 중개소를 운영하고 있다.
중개소 홍보를 위한 30초 쇼츠 영상을 제작하려 한다.

이런 특징을 반영하고 싶다.

① 부동산 중개업 경력 20년이다.
② 이 지역에서 중개역을 한 지 10년이다.
③ 나는 MBTI가 INFJ이다.
④ 젊은 고객과 소통을 잘한다.

상기 콘셉트에 맞는 쇼츠 대본 30초 분량 만들어줘.

 강동구 강동역 부근 부동산 중개소의 홍보를 위한 30초 쇼츠 영상 대본을 만들겠습니다. 이 대본은 20년의 부동산 중개 경력, 강동구에서의 10년 경험, INFJ 성격 유형, 그리고 젊은 고객과의 원활한 소통 능력을 반영합니다.

1. 영상 시작

강동역 주변의 아름다운 풍경과 활기찬 거리 모습이 보임

2. 나레이션 시작

강동구의 매력을 담은 곳, 여기는 단순한 부동산 중개소가 아닙니다.

3. 부동산 중개소의 내부와 함께 친절하게 고객을 맞이하는 중개인의 모습

20년의 경험과 강동구에서의 10년 역사를 가진 전문가로서,
여러분의 꿈을 현실로 만들어드립니다."

---

4. 다양한 부동산을 보여주며, 젊은 고객과 상담하는 장면

　INFJ로서, 깊은 이해와 세심한 관심으로 여러분의 필요를 듣고,

　최적의 해결책을 제시해 드려요.

　젊은 세대의 새로운 시작을 함께합니다.

5. 강동역 주변의 다양한 부동산과 편의 시절을 보여주며

　강동구의 다채로운 삶과 기회를 발견하세요.

　여러분의 삶을 풍요롭게 할 완벽한 공간을 찾아드립니다.

6. 영상 마무리: 부동산 중개소의 로고와 연락처가 나오며

　당신의 새로운 시작, 강동구에서 함께하세요.

　여러분을 기다리고 있습니다.

② 챗GPT를 활용한 이미지 만들기

• 챗GPT에게 영상 내용에 걸맞는 그림을 만들어달라고 요청한다.

 내용 구성에 맞는 5장의 그림이 필요하다. 가로 9, 세로 16의 비율로 그림을 그려주라.

③ 클로바 더빙을 활용한 오디오 파일 만들기

• 클로바 더빙을 사용하여 내가 영상에 사용할 목소리를 만들고, 대본을 삽입
하여 오디오 파일을 만든다.

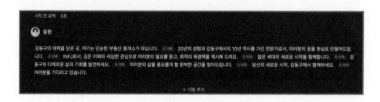

④ CapCut을 활용한 영상 만들기

• CapCut을 사용하여 내가 원하는 영상을 만든다.

⑤ AI를 활용하여 만든 쇼츠 영상 인트로 화면

이 쇼츠 영상을 만드는 데 필요한 것은 나 자신에 대한 강점 파악과 챗GPT, 클로바더빙, CapCut이었습니다. 내가 어떤 강점을 가졌는지 구체적이고 세세하게 파악만 하면 그것을 바탕으로 AI 도구를 활용하여 많은 것을 만들 수 있습니다. 쇼츠 영상에 필요한 대본과 이미지, 대본을 읽는 데 필요한 목소리, 영상 그 자체까지 전부 내가 직접 만들 필요가 없는 것입니다.

AI는 단순히 영상만 만드는 데 그치지 않습니다. 무려 홍보용 노래도 따로 만들 수 있습니다.

Suno AI를 활용하여 만든 홍보송

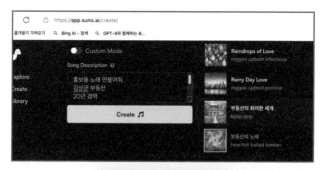

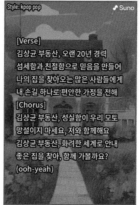

이는 Suno AI로 만든 홍보송입니다.

AI를 활용하여 만든 것이지만, 가사를 보면 아무렇게나 적당히 만든 것도 아닙니다. 홍보송이라는 종류에 맞게 나 자신의 특징, 강점을 넣어서 음악 스타일을 지정한 결과물입니다.

이 같은 노래를 영업용 핸드폰 컬러링으로 사용하거나 사무실에

AI × 인간지능의 시대

고객이 들어올 때 전주 부분이 나오게 하면 어떨까요?

밋밋한 기본 컬러링을 사용하거나 차임벨 소리만 들리는 부동산 보다 더 인기를 끌 수 있지 않을까요?

지금까지 보여드린 것은 자기 PR을 위해 만든 결과물입니다. 그리고 이제 고객관리를 위한 AI 활용법을 예를 들어 보여드리겠습니다.

인터넷 포털 사이트에 보면 부동산 정보를 정량적으로 항목화해서 간략하게 소개하는 경우가 흔합니다. 정보를 한눈에 편하게 볼 수 있어서 좋기도 하지만, 전문가가 말로 설명해주는 느낌은 아닙니다.

AI 챗봇을 활용하면, 이런 정보도 다양한 문장이나 맛깔나는 설명으로 구성할 수 있습니다. 포털 사이트에서 단순하게 복사해서 붙여넣은 정보를 AI가 어떻게 읽기 쉬운 문장으로 바꿔주는지 예시를 살펴봅시다.

또한, 여기에 중개인분이 갖고 있는 지역에 관한 세세한 정보나 노하우를 조금 넣는다면 설명은 더욱더 풍성해집니다. 물론 그런 내용을 문장에 녹여 넣는 작업도 AI가 해줍니다. 고객의 입장에서 보면 상황은 명확해집니다. 정량적이며 항목화된 소개만 있는 매물, 중개인의 노하우가 녹아나는 세세한 설명을 곁들인 매물, 둘 중 어느 쪽을 고객이 더 집중해서 살펴볼까요?

중고차를 거래하는 인터넷 사이트나 앱도 여러 가지입니다. 그런 경우에서도 중고차에 관해 주행거리, 연식, 차종 등만 단순 제시한 경우보다는 딜러입장에서 그 차에 관해 어떻게 생각하는지 설명을 제시한 매물이 좀 더 좋은 가격에 빠르게 거래되고 있습니다.

AI × 인간지능의 시대

챗GPT를 활용하여 부동산 정보 소개 문구 만들기

 다음 오피스텔을 근처 10분 거리 이내의 직장인들에게 렌트하려고 한다. 홍보 문구를 작성해주라.

세대수	25세대(총 1개동)
저/최고층	3층/17층
사용승인일	2002년 5월 06일
총주차대수	2대(세대당 0.64대)
용적률	929%
건폐율	59%
건설사	성호건설(주)
난방	개별난방, 도시가스
관리사무소	-
주소	서울시 구로구 구로동 104-9 서울시 구로구 가마산로 283
면적	57Bm², 59Am², 62m², 71m², 82Am², 82Bm², 84m², 102m², 103Am², 107Bm², 108m²

위의 예에서 질문에 입력한 부동산 정보는 네이버에서 마우스로 긁어서 그대로 복사한 것입니다. 즉, 여러분이 직접 타이핑해서 입력할 필요도 없습니다.

이 오피스텔의 매력적인 소개 문구를 작성해 드리겠습니다. 이 문구는 근처 10분 거리에 있는 직장인들을 대상으로 합니다.

서울 구로구의 중심에서 여러분의 새로운 삶을 시작하세요!

1. 특별한 위치

구로동의 이상적인 위치에 자리잡은, 17층 규모의 고급 오피스텔. 근처 직장까지 단 10분 거리로, 출퇴근이 편리합니다.

2. 다양한 옵션

57Bm²부터 108m²까지, 다양한 크기의 25개 세대가 여러분을 기다립니다. 당신의 취향과 필요에 맞는 공간을 선택하세요. "

3. 현대적인 편의성

2002년에 완공된 이 건물은 개별 난방과 도시가스 시설을 갖추고 있어, 겨울철에도 따뜻하고 편안합니다.

4. 효율적인 주차 공간

총 16대의 주차 공간을 제공하며, 세대당 0.64대의 주차가 가능합니다.

5. 품격 있는 건축

성호건설(주)에 의해 지어진 이 건물은 용적률 929%, 건폐율 59%로 설계되어, 넓고 개방적인 생활 공간을 제공합니다.

위치: 서울시 구로구 구로동 104-9, 가마산로 283

당신의 새로운 시작, 구로구의 이 오피스텔에서 만나보세요!

옆 건물에 병원(치과, 피부과)가 있고, 건물 1층에 편의점이 있고, 길 건너에 빨래방이 있다. 도보 5분 안쪽에 술집과 식당들이 몇군데 있다. 3달 뒤에 근처에 버스 정류장이 신설되어서 강남, 강북 접근성이 좋아진다. 이 내용도 매력적, 재치 있게 반영해주라.

서울 구로구의 이상적인 오피스텔, 여러분의 편안한 생활을 위한 완벽한 선택!

1. 건강과 편의성

바로 옆 건물에 위치한 치과와 피부과가 있어 건강 관리가 한결 쉬워집니다. 또한, 1층에 있는 편의점으로 일상 필수품 구매가 더욱 간편해요.

2. 생활의 편리함

건너편 빨래방에서 간편하게 세탁을 해결하세요. 도보 5분 거리에 다양한 술집과 식당들이 있어, 친구들과 즐거운 시간을 보낼 수 있습니다.

3. 교통의 편리성

3개월 후에는 근처에 새로운 버스 정류장이 개장하여 강남과 강북으로의 이동이 한층 더 편리해집니다. 출퇴근과 여가 생활에 최적화된 위치!

4. 맞춤형 공간

57Bm²부터 108m²까지, 25개 세대 중 여러분의 취향에 맞는 공간을 선택하세요. 17층의 현대적인 디자인과 효율적인 주차 공간을 갖춘 이 곳은 당신을 위한 완벽한 선택입니다.

위치: 서울시 구로구 구로동 104-9, 가마산로 283

구로구의 중심에서 새로운 삶을 시작할 준비가 되셨나요?
당신의 새로운 시작을 이 오피스텔에서 만나보세요!

물건을 팔기 위해서는 내용물도 중요하지만 일단 포장을 잘해야 합니다. 포장이라고 표현한다고 해서 과장하거나, 고객을 속이라는 뜻은 아닙니다. 내용물을 살펴볼 마음이 들도록 만드는 것, 내용물의 본질적 가치를 이해할 수 있게 유도하는 등의 전달력을 만들자는 의미입니다. 이는 회사에 나를 팔기 위해 소설이나 다름없는 자기소개서를 쓰는 것과 마찬가지입니다.

게다가 집을 사러 부동산을 찾아오는 사람은 열에 아홉이 매물로 나온 집을 쭉 둘러보고 결정합니다. 처음부터 상세한 주소를 얘기하며 '이 집을 사고 싶은데요.'라고 말하는 사람은 없습니다. 즉, 단지 내용물이 좋다는 이유로 포장을 신경 쓰지 않으면 고객은 관심조차 보이지 않고 발을 돌릴 수 있습니다.

또한, 마케팅의 기본은 자신이 팔고자 하는 물건을 고객이 사게끔 하는 것입니다. 그러기 위해서는 팔고자 하는 물건에 대한 이해, 이 물건을 살 것 같은 연령층에 대한 이해가 필수적입니다. 그리고 물건의 장점을 예쁘게 포장해서 고객에게 내놓는 것이 중요합니다.

예전에는 이 같은 과정을 위해 신발 밑창이 닳도록 발품을 팔고 어떤 고객이든 무작정 왕으로 모셔야 했습니다. 그러면서도 자신이 중개하는 모든 매물을 '어떻게 포장해야 팔 수 있을지'에 대해 고민하고 포장지를 만들어야 했습니다.

하지만 이제는 다릅니다. 집에 대한 기본적인 정보, 특징, 집을 팔고자 하는 연령층만 확실하게 정해놓기만 하면 AI를 활용해서 얼마든지 눈에 쏙 들어오는 포장지를 만들 수 있습니다.

포장지를 만들어야 한다는 압박에서 벗어나 자신이 팔려는 집에 대한 조사와 고민에 온힘을 쏟아부을 수 있습니다.

이제는 'XX평 / 전세 보증금 XXXX만'이라는 글자를 크게 박아 넣은 A4용지만으로도 고객을 받을 수 있는 시대가 아닙니다. 제 기억으로는 대략 40년 전 복덕방에 그런 전단이 붙은 것을 봤습니다. 그 이후 우리 삶에는 컴퓨터, 인터넷, 스마트폰, AI 등 다양한 기술과 여러 매개체가 쏟아져 나왔습니다. 이제 소통 방식이 달라졌습니다.

언제까지나 내게 편한 방식을 놓고 고객이 그에 맞춰주길 기대해서는 안 됩니다. 우리는 무언가를 파는 존재입니다. 모든 사람은 경제 시스템 내에서 자신의 전문성, 물건, 서비스 등 무언가를 판매합니다. 그걸 잘 팔기 위해서는 살 사람의 시선으로 시대에 맞게 소통을 재구성해야 합니다.

내가 자원이 부족해서 못 하는 활동

AI 활용 전략
신규 자원 투자를 최소화하며, 활동을 새롭게 시작(Start)

AI를 안 쓰는 내 현재 상태 예시
직원이 적어서 고객관리가 어렵다. 거래가 성사된 고객에 대해 사후 관리, 예를 들어 그 매물을 다시 팔 때, 다른 지역 매물을 찾을 때, 내가 나서서 돕고 싶은데 여력이 부족하다.

AI로 지능을 확장한 내 미래 목표 예시
AI를 활용해서 '고객 맞춤형 관리'를 해보고 싶다. 예를 들어, 전세 고객이면 계약 종료 시점에 미리 다른 매물 추천에 관한 메시지를 보내거나, 일정 주기별로 부동산 정보, 꿀팁을 메시지로 보내려고 한다.

내가 자원을 투자해서 하고 있는 활동

AI 활용 전략
기존 활동의 가치를 유지하면서, 내 자원을 최대한 회수(Recover)

AI를 안 쓰는 내 현재 상태 예시
부동산 매물, 고객 정보를 주변 중개소와 공유하고 있다. 그런데 지금은 전화로 소통하고, 수첩에 메모하는 방식으로 관리하고 있다.

AI로 지능을 확장한 내 미래 목표 예시
AI 도구를 활용해서 메모를 자동화하고, 노션(Notion)과 같은 사이트를 이용해서 정보를 공유하면, 일일이 전화를 걸고 메모하는 수고를 덜 수 있다.

AI 활용 전략
내 역량을 넘어서는 활동을 시도(Try)

AI를 안 쓰는 내 현재 상태 예시
소셜 미디어에 부동산 홍보를 하고 싶지만, 콘텐츠를 만들기가 어렵다.

AI로 지능을 확장한 내 미래 목표 예시
AI를 활용해서 쇼츠 영상이나 부동산 홍보 노래 등을 만들어서 공유한다.

AI 활용 전략
교육/훈련 효율화, 협업으로 내 역량을 증폭(Amplify)

AI를 안 쓰는 내 현재 상태 예시
지역에서 오래 산 경험과 정보를 바탕으로, 고객에게 밀도 있는 상담을 하는 편이다.

AI로 지능을 확장한 내 미래 목표 예시
지금은 대면 상담 시 말로만 설명하고 있으나, AI 도구를 활용해서 내용을 멋진 문장으로 구성해 상담한 고객에게 다시 제공하려고 한다. 추가 상담이나 관계 유지에 도움이 될 것 같다.

내가 역량이 부족해서 못 하는 활동

내가 역량을 투자해서 하고 있는 활동

옷가게 사장님께 :
사진작가 없이 혼자서 화보집을!

의식주衣食住라는 단어가 있습니다.

인간이 살아가며 꼭 필요한 3가지 요소인 옷과 음식과 집을 통틀어 이르는 말인데요. 의미 없는 순서일지도 모르겠지만 그래도 옷이 맨 앞에 들어갔다는 사실은 여러모로 생각할 거리를 던져줍니다.

EU에 따르면 매년 버려지는 옷이 1인당 평균 12kg, 전체로는 1,260만 톤에 달한다고 하니 사람 하나가 죽을 때까지 입는 옷이 몇 벌일지는 가늠하기조차 힘들 정도입니다.

이런 상황이다 보니 의류 관련 산업은 음식 관련 산업처럼 태평양보다도 넓은 레드오션입니다. 시장도 크고, 수요도 많고, 경쟁자도 많습니다. 게다가 취향이나 유행에 큰 영향을 받는 분야이므로 작년에 많이 팔리던 상품이 올해는 파리만 날리는 경우도 있습니다. 작년에는 전혀 안 팔려서 떨이로 정리해버렸는데, 올해는 엄청나게 팔려서 땅을 치고 후회하는 경우도 있습니다.

특히 옷을 떼어와서 판매하는 동네 옷가게 사장님은 옷 트렌드에 촉각을 곤두세우게 됩니다. 의류 브랜드에서 운영하는 옷가게는 처음부터 팔 옷이 정해져 있습니다. 따라서 자신이 어떤 종류의 옷을 얼마나 가져와서 팔 것인지에 대한 고민을 줄일 수 있습니다. 하지만 이 옷, 저 옷을 조금씩 받아와서 판매하는 동네 옷가게는 어떤 종류의 옷을 얼마나 준비해놓아야 이득을 볼 수 있을지를 고민해야 합니다. 그리고 그렇게 준비한 옷을 어떻게 해야 많이 팔 수 있는지도 고민해야 합니다. 종류 자체는 적어도 디자인은 엄청나게 다양해서 전부 헤아리기도 힘든 상품이 바로 옷이기 때문입니다.

게다가 옷은 소모품은 소모품인데 소비기한이 긴 편입니다. 지갑에 블랙카드나 백지수표를 넣어놓고 다니는 사람이 아닌 이상엔 옷을 한두 달도 안 입고 버리는 경우는 없습니다. 따라서 어지간한 경우가 아니면 아무 옷이나 사지 않고, 한 번 사면 꽤 오랫동안 새로 사지 않습니다. 또한, 계절 변화에도 큰 영향을 받기 때문에 1년 단위가 아니라 약 3개월 단위로 계속해서 트렌드를 파악하고 준비해야 합니다.

그렇다면 우리는 한 가지 고민을 해볼 수 있습니다.

이렇게 계속해서 트렌드를 따라가기만 하는 것이 정답일까?

그리고 이 같은 고민도 해볼 수 있습니다.

트렌드에 휘둘리지 않는 상품군을 만들어두고 트렌드 상품도 팔아야 하지 않을까?

그렇게 고민하다 보면 한 가지 결론에 다다르게 됩니다.

어떻게 하면 트렌드에 휘둘리지 않는 고정판매 상품군을 만들 수 있을까?

답은 간단하면서도 어렵습니다. 옷을 최대한 예쁘고 멋지게 보이게 해서 사람들이 사고 싶게끔 하는 것입니다. 옷은 생활에 필수적인 물품인데도 사치품의 성격도 띠고 있어서 통기성이나 보온성 등의 기능은 아주 저질인 것이 아닌 이상엔 신경 쓰는 경우가 적습니다.

그렇다면 옷을 예쁘고 멋지게 보이게 하려면 어떻게 해야 할까요? 실제로 예쁘고 멋진 옷이라고 해도 보여주는 방식에 따라 별로 사고 싶지 않은 옷이 될 수도 있습니다. 좋은 것을 더 좋은 것처럼 보이게 하고 안 좋은 것을 좋은 것처럼 보이게 하는 기술이 필요합니다. 그리고 놀랍게도 이 또한 AI의 도움을 받을 수 있습니다.

드래프타입Draftype이라는 이름의 Model AI Studio 웹페이지에서는 다양한 서비스를 제공합니다. 그중 '얼굴을 노출하지 않고 찍은 사진에 얼굴을 새로 만들어주는 기능'을 짧게 설명하겠습니다.

이 AI를 활용하면 다음 사진과 같이 얼굴 아래로 찍은 사진을 가공하여 모델의 얼굴을 만들어냅니다.

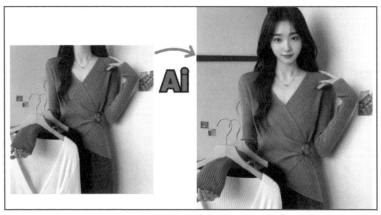

출처 : 드래프타입 홈페이지(https://www.draftype.work/)

이 기능은 여러 가지 방식으로 활용해 볼 수 있는데요. 예를 하나 들자면 마네킹에게 옷을 입힌 뒤 사진을 찍어 이 기능을 사용하는 것입니다. 그렇게 하면 실제로는 마네킹이어도 사람에게 옷을 입혀 찍은 것처럼 보일 수 있습니다.

또 하나 예를 든다면 주위 사람에게 도움을 청할 때도 활용할 수 있습니다. 모델이 아닌 일반인은 자신의 얼굴을 다른 사람에게 노출하는 것을 꺼려하는 경우가 많습니다. 반대로 말하자면 목 아래로만 사진을 찍는다고 하면 어지간히 사진 찍는 걸 싫어하는 사람이 아닌 이상엔 거절하지 않습니다. 아니면 옷가게 사장님 본인이 입고 사진을 찍은 뒤 얼굴만 새로 만들 수도 있습니다.

이렇게 찍은 사진을 모아 패션잡지나 화보집처럼 만들어 옷가게를 찾아온 고객에게 보여주면 홀딱 넘어가는 사람이 한 명이라도 더 생길 것입니다.

내가 자원이 부족해서 못 하는 활동

AI 활용 전략
신규 자원 투자를 최소화하며, 활동을 새롭게 시작(Start)

AI를 안 쓰는 내 현재 상태 예시
매장에 있는 옷들을 멋진 모델에게 입혀서, 사진을 찍고 온라인에 올리고 싶은데, 모델료가 비싸서 엄두가 안 난다.

AI로 지능을 확장한 내 미래 목표 예시
AI 도구를 활용해서, 마네킹을 모델처럼 둔갑시키거나, 내가 직접 입고 사진을 찍어서, 얼굴을 가상의 예쁜 모델로 바꿔서 올리려 한다.

AI 활용 전략
내 역량을 넘어서는 활동을 시도(Try)

AI를 안 쓰는 내 현재 상태 예시
해외의 최신 패션 트렌드도 잘 파악하면, 신상품을 매입하고, 고객에게 제품을 설명하는 데 도움이 될 텐데, 외국어를 전혀 못해서 한계가 있다.

AI로 지능을 확장한 내 미래 목표 예시
AI 도구를 활용하면 인터넷 브라우저에서 자동 번역이 된다. 해외 패션 동영상을 우리말 자막으로 보는 것도 가능하다. 이런 도구를 활용해서 해외 패션 관련 정보를 빠르게 습득해야겠다.

내가 역량이 부족해서 못 하는 활동

내가 자원을 투자해서 하고 있는 활동

AI 활용 전략
기존 활동의 가치를 유지하면서, 내 자원을 최대한 회수(Recover)

AI를 안 쓰는 내 현재 상태 예시
신상품이 들어오면, 소셜 미디어에 바로바로 올리고 있다. 그런데 해시태그나 설명글을 쓰는 게 번거롭다.

AI로 지능을 확장한 내 미래 목표 예시
AI 도구에 사진을 올리면, 그에 맞는 해시태그를 추천해준다고 한다. 내가 모르는 패션관련 해시 태그도 알 수 있다고 하니, 그런 도구를 활용해서 시간을 절약해야겠다.

AI 활용 전략
교육/훈련 효율화, 협업으로 내 역량을 증폭(Amplify)

AI를 안 쓰는 내 현재 상태 예시
고객에게 여러 옷, 액세서리를 매칭하는 팁을 알려주고 있다. 나름 반응이 괜찮은 편이다.

AI로 지능을 확장한 내 미래 목표 예시
옷이나 액세서리를 매칭한 사진을 AI 도구에 올리면, 그에 관해 추가 조언을 해준다고 한다. 그런 도구를 통해 꾸준히 공부하면서, 내가 고객에게 알려 줄 팁을 더 풍성하게 준비하고 싶다.

내가 역량을 투자해서 하고 있는 활동

병원장님께 :
이제는 환자를 기억할 수 있도록!

19세기 후반에 독일의 심리학자인 헤르만 에빙하우스H. Ebbinghaus
는 한 가지 가설을 발표합니다. 바로 '시간의 흐름에 따른 일반적인
망각의 정도'에 대한 가설인데요. 에빙하우스는 '학습 직후 20분 내
에 41.8%의 망각이 일어난다.'라고 주장했습니다. 그리고 이 주장을
바탕으로 한 곡선 그래프를 그렸는데 이것이 바로 '망각 곡선'이라
불리는 그래프입니다.

이 가설의 요지는 극도로 단순화하면 한 문장으로 나타낼 수 있
습니다.

'사람은 뒤돌아서서 20분 정도면 반 정도는 잊어버린다.'

저는 팔목이 아파서 주기적으로 통증의학과를 찾아갑니다. 그런
데 의사 선생님께서는 항상 저를 기억하지 못합니다. 제게는 항상 똑
같은 병원, 똑같은 과, 똑같은 선생님인데 의사 선생님은 항상 저를
새로운 환자라고 생각하시는 겁니다. 그래서 제가 어디가 어떻게 아

팠는지를 매번 물어보십니다. 그렇다고 해서 이 의사 선생님이 아무 기록도 하지 않은 것은 아닙니다. 분명 차트에 항상 기록을 하고 계십니다. 그런데도 그 의사 선생님에게 저는 단골 환자가 아니라 매번 첫 환자인 겁니다.

이 의사 선생님은 대체 왜 기록을 하는데도 저를 기억하지 못 하는 것일까요? 하도 궁금하여 의사 선생님이 하시는 것을 지켜보니 이분은 컴퓨터에 저장한 환자 기록을 불러오는 속도가 느렸습니다. 그래서 기본적인 것만 차트에 기록해놓고 계속해서 되묻는 것입니다. 참 답답한 일이었습니다. 의사 선생님은 언제나 처음으로 병력을 물어보는 것이지만, 제게는 두 번이고 세 번이고 계속해서 똑같은 말을 반복해야 하는 상황이었기 때문입니다.

만약 녹음한 대화를 글로 변환하고 자동으로 요약해주는 AI가 있다면 어떨까요? 이 같은 AI가 있다면 다양한 분야에서 많은 사람이 편리해질 수 있습니다. 특히 이번에 얘기한 의사 선생님처럼 망각보다 기억을 더 많이 해야 하는 직업군의 사람에게 유용할 것입니다.

실질적으로 녹음이라도 하지 않는 이상엔 의사 선생님이 환자가 말하는 것을 전부 손으로 쓰거나 컴퓨터에 입력할 수 없습니다. 그래서 제가 찾아가는 의사 선생님의 경우처럼 똑같은 환자를 몇 번이고 처음 보는 환자처럼 대하는 의사 선생님도 의외로 많이 있을 것입니다. 또는 중요하다고 생각한 것을 기록하긴 했지만, 기록하는 데 신경 쓰다가 정말 중요한 것을 놓치는 경우도 있을 것입니다.

그렇다고 해서 환자와 나눈 대화를 단지 녹음만 하는 것도 비효율적입니다. 환자를 하루에 양손으로 셀 수 있을 정도로만 만나는 것이 아니라면 업무가 끝나고 수없이 많은 녹음본을 하나씩 들으며 정리해야 하니까요.

그리고 '녹음본을 요약해주는 AI 애플리케이션'은 이미 만들어져서 많은 사람이 사용하고 있습니다. SK텔레콤이 만든 자사 AI 비서 애플리케이션인 '에이닷'이 대표적인 예입니다. 에이닷은 통화를 녹음하고 녹취록과 요약본을 제공하는 AI 서비스입니다. '녹음본을 텍스트로 변환하고 요약해주는 AI'인 네이버의 클로바노트와 'ZOOM에서 진행된 회의의 회의록을 요약해주는 기능'이 있는 ZOOM의 AI컴패니언 또한 에이닷과 비슷한 AI입니다. '하루 종일 있었던 일을 전부 녹음하고 요약해주는 AI'도 이미 등장하고 있습니다.

다만 앞서 말했듯이 잊어서는 안 되는 것이 있습니다. 다른 영역도 그렇지만, 특히 의학 분야는 기술 활용 과정에서 환자의 개인정보, 프라이버시 침해, 윤리성 등에 관한 이슈가 등장할 가능성이 큽니다. 아직 국내에서는 AI 관련 법이나 제도가 충분히 정비되지 않은 상태입니다. AI를 활용할 때는 법과 제도가 어떻게 정립되는지 확인하면서 위배되는 부분이 없는지 살펴보는 노력도 필요합니다.

내가 자원이 부족해서 못 하는 활동

AI 활용 전략
신규 자원 투자를 최소화하며, 활동을 새롭게 시작(Start)

AI를 안 쓰는 내 현재 상태 예시
병원에서 처치를 받은 환자가 추가적으로 궁금한 것을 전화로 물어오는 경우가 있는데, 인력이 부족해서 응대를 거의 못 한다.

AI로 지능을 확장한 내 미래 목표 예시
카카오톡으로 챗봇을 만드는 게 생각보다 어렵지 않다고 한다. 우리 병원 환자들이 많이 물어오는 질문을 목록으로 정리해서 챗봇을 제공하고 싶다.

AI 활용 전략
내 역량을 넘어서는 활동을 시도(Try)

AI를 안 쓰는 내 현재 상태 예시
유튜브, 인스타그램 등으로 의학 정보를 공유하는 의사들이 많다. 나도 해보고는 싶은데, 말주변이 부족하고 목소리에 자신이 없다.

AI로 지능을 확장한 내 미래 목표 예시
내가 하고 싶은 이야기를 AI를 활용해서 일목요연하게 대본으로 만들고, AI로 내 목소리를 복사해서 녹음하는 게 가능하다고 한다. 이런 도구를 활용해서 팟캐스트 같은 것을 해보고 싶다.

내가 역량이 부족해서 못 하는 활동

내가 자원을 투자해서 하고 있는 활동

AI 활용 전략
기존 활동의 가치를 유지하면서, 내 자원을 최대한 회수(Recover)

AI를 안 쓰는 내 현재 상태 예시
새로운 치료법이나 의학 연구 동향을 놓치고 싶지 않아서 국내외 논문을 읽고, 세미나에 꾸준히 참여하고 있다.

AI로 지능을 확장한 내 미래 목표 예시
AI 도구를 활용하면, 검색엔진보다 자료를 더 정밀하게 찾을 수 있고, 두꺼운 분량의 논문이나 보고서를 요약해서 볼 수 있다. 내게 필요한 자료라면 직접 읽어보면 된다. 그러면 검색하고 읽는 데 투자하는 시간을 크게 줄일 수 있다.

AI 활용 전략
교육/훈련 효율화, 협업으로 내 역량을 증폭(Amplify)

AI를 안 쓰는 내 현재 상태 예시
환자와 상담하고 처방하는 게 내 전문성인데, 환자가 많다 보니 놓치는 부분이 자꾸 생긴다.

AI로 지능을 확장한 내 미래 목표 예시
AI 도구를 활용해서 차팅을 자동화하고, 환자에 관한 부가 정보를 볼 수 있도록 시스템을 꾸미고 싶다.

내가 역량을 투자해서 하고 있는 활동

10년 뒤, 글로벌 시가총액 20위에 들고 싶나요?

차와 KTX와 비행기

경부고속도로는 최고시속 100km로 주행할 수 있는 도로입니다. 그래서 서울역에서 부산역까지 차로는 5~6시간 정도가 걸립니다.

KTX는 역 통과 속도가 시속 300km입니다. 그래서 서울역에서 부산역까지 2시간 30분 정도가 걸립니다.

비행기는 시속 800~900km 정도입니다. 그래서 김포공항에서 부산공항까지 1시간 정도가 걸립니다.

셋을 놓고 보면 누구나 비행기가 제일 빠르다고 생각할 것이고 그게 사실입니다. 하지만 누구도 비행기를 탔을 때 차나 KTX보다 빠르게 날아간다는 느낌을 받지 못합니다. 차의 9배 이상, KTX의 3배 이상으로 빠르게 날아가는 비행기가 왜 그리도 빠르게 느껴지지 않는 걸까요?

그 이유 중 하나는 바로 '주변에 고정된 물건이 아무것도 없기' 때문입니다.

사람은 기본적으로 주위에 있는 물건과의 거리를 기준으로 하여 속도를 판단합니다. 예를 들어, 차를 타고 도로를 달릴 때 운전자 외의 사람은 속도 계기판을 보지 않습니다. 하지만 운전자가 과속하고 있는지 아닌지는 파악할 수 있습니다. 어떻게 그런 일이 가능할까요?

간단합니다. 바로 주위의 차나 풍경이 빠르게 흘러가는지 아닌지를 보고 판단하는 것입니다. 그러나 비행기에 탄 사람은 다릅니다. 주위에 구름만 보일뿐더러, 구름마저 없을 때는 하늘만이 보입니다. 그러니 비행기가 얼마나 빠르게 움직이고 있는지 도통 감을 잡을 수 없는 것입니다.

인간은 실제 속도가 아닌, 본인이 눈으로 보는 것을 중심으로 속도를 판단합니다. 같은 속도를 경험하고 있어도 누군가는 '세상은 변하는 게 없네.'라고 말하고, 누군가는 '점점 더 변화가 빨라지는구나.'라고 얘기합니다. 본인이 무엇을 보고 있는가에 따라 같은 상황을 다르게 인식합니다.

세상은 어제의 신기술이 오늘 상용화되어 내일은 과거의 기술이 되는 수준으로 변화하고 있습니다. 하나를 공부하면 열의 새로운 지식이 생기고, 열을 공부하면 백의 새로운 지식이 생깁니다.

세상의 변화 속도는 점점 더 빨라지고 있습니다. 그 변화를 느끼지 못한다면, 그저 내가 다른 이들과 다른 곳만 바라보고 있기 때문입니다.

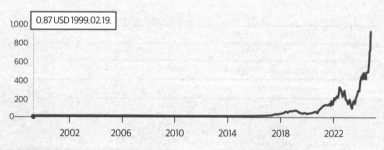

엔비디아 주가 그래프

875.28 USD

+874.46(106,641.46%) ↑ all time

Closed: Mar 8, 7:59PM EST • Disclaimer
After hours 851.00 -24.28(2.77%)

Max

0.87 USD 1999.02.19.

Open	951.38	Mkt cap	2.19T	52-wk high	974.00
High	974.00	P/E ratio	73.35	52-wk low	222.97
Low	865.06	Div yield	0.018%		

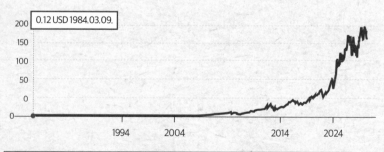

애플 주가 그래프

170.73 USD

+170.61(142,175.00%) ↑ all time

Closed: Mar 8, 7:59PM EST • Disclaimer
After hours 170.48 -0.25(0.15%)

Max

0.12 USD 1984.03.09.

Open	169.00	Mkt cap	2.64T	52-wk high	199.62
High	173.70	P/E ratio	26.56	52-wk low	147.61
Low	168.94	Div yield	0.56%		

AI × 인간지능의 시대

604.82 USD

+603.61(49,885.12%) ↑ all time

Closed: Mar 8, 6:46PM EST • Disclaimer
After hours 604.82 0.00(0.00%)

Max

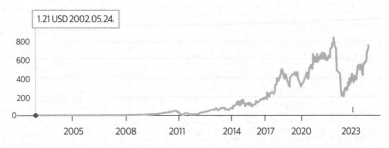

1.21 USD 2002.05.24.

Open	608.27	Mkt cap	261.74B	52-wk high	624.42
High	616.09	P/E ratio	50.27	52-wk low	285.33
Low	600.84	Div yield	–		

아마존 주가 그래프

175.35 USD

+175.26(194,733.33%) ↑ all time

Closed: Mar 8, 7:59PM EST Disclaimer
After hours 174.86 -0.49(0.28%)

Max

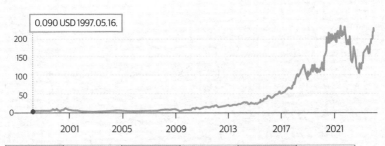

0.090 USD 1997.05.16.

Open	176.44	Mkt cap	1.82T	52-wk high	180.14
High	178.78	P/E ratio	60.47	52-wk low	88.12
Low	174.33	Div yield			

엔비디아, 애플, 넷플릭스, 아마존의 주가 변동 그래프를 보면 공통적인 특징이 있습니다. 넷 다 창업 후 한동안 주가에 별 변화가 없습니다. 그런데 어느 순간부터 로켓에 올라탄 듯 기업가치가 상승했습니다. 단순히 상승 패턴만을 그린 것이 아니라, 시장에서 해당 기업의 가치를 바라보는 시선의 변화, 등락도 빠르게 나타나고 있습니다.

이렇듯 몇몇 기업의 시장 가치 흐름만 봐도 변화는 점점 더 빠르게 나타나고 있습니다. 앞으로 우리가 마주할 변화는 이보다 더 빠르고 역동적일 것입니다. 이런 세상에서 당신은 어디를 바라보고 있으신가요?

삼성전자 :
세계의 지능이 되다

2022년 기준으로 대한민국의 GDP는 세계 13위를 기록했습니다. 국토면적도 넓지 않고 천연자원도 부족한 우리가 이런 성과를 낼 수 있었던 비결은 인적자원 덕분입니다. 분야마다 차이가 있겠으나, 국내에서 단일 기업으로 가장 많은 인적자원을 보유한 기업은 아마도 삼성전자일 것입니다.

삼성전자는 1969년에 설립된 이후로 수없이 많은 기계와 전자제품을 만들어 인류의 노동을 대체해왔습니다. 특히 1970년대에 가전제품을 대량 생산하며 가사노동 시간을 줄이고 결과적으로 여성이 사회에 진출할 수 있는 발판을 만들었습니다.

또한, 삼성전자는 1980년대부터 반도체 개발에 뛰어들었고, 1992년에 세계 최초로 64M DRAM을 개발하였습니다. 이 개발 덕분에 삼성전자는 메모리 반도체 부문에서 세계 1위로 성장할 수 있었습니다.

그런 성장세를 발판 삼아서 다양한 영역으로 사업 분야를 넓힐 수 있었습니다.

그러나 성장의 발판이 되었던 반도체 시장이 크게 변하고 있습니다. 2023년 말 IDC 보고서를 기준으로 세계시장에서 메모리반도체 매출액은 전년과 비교해서 40%나 급감했습니다. 스마트폰과 PC 등 전자제품 수요가 감소했기에 그에 따라 메모리반도체 시장도 위축된 상태입니다. 반면, 반도체 산업의 전체 매출액은 2022년에서 2023년으로 넘어오면서 5.3% 증가했습니다.

이런 성장세가 앞으로도 유지되리라 보는 견해가 지배적입니다. 그 배경에는 물론 AI가 자리 잡고 있습니다. 세계열강의 AI에 관한 정책, 빅테크 기업들이 제시하는 천문학적인 투자금액을 놓고 볼 때, 이런 예측은 빗나갈 가능성이 거의 없어 보입니다.

이런 흐름에서 삼성전자는 AI를 중심축에 놓고 기업의 방향성을

AI × 인간지능의 시대

잡아가야 합니다. 삼성전자는 가전으로 우리의 손과 몸에 자유를 줬습니다. 삼성전자의 혁신은 머리로 이어졌습니다. 반도체를 통해 모든 것을 기록할 수 있게 해줬고, 스마트폰을 통해 우리를 연결시켜줬습니다. 이제 인류는 기록과 연결을 넘어서서 사고까지 기계를 통해 확장하고자 합니다. 삼성전자가 그 중심에 서야 합니다.

삼성전자는 크게 몇 개의 영역으로 나눠서 혁신할 수 있습니다.

첫째, 하드웨어 영역에서는 클라우드에 들어가는 반도체, AI 파운데이션을 돌리는 데 들어가는 칩, 세상의 수많은 개별 디바이스에서 자체적으로 움직이는 온디바이스 AI칩까지 병렬적으로 시장 영향력을 키워가야 합니다.

둘째, 하드웨어 판매에만 집중하지 말고 소프트웨어 및 데이터로 영역을 확장해야 합니다. AI 관련 하드웨어를 고객에게 제공한 후 고객이 발생시키는 데이터나 사용 경험을 축적하고 분석해서 삼성전자만의 특화된 AI 파운데이션을 구축해야 합니다.

출처: 삼성뉴스룸

전 세계 수많은 고객이 삼성전자의 스마트폰이나 가전제품 등을 사용하는 과정에서 발생하는 데이터를 통해 물리적 세상의 움직임, 사람들의 생활방식을 이해하는 AI 파운데이션을 구축해야 합니다.

AI 기술을 예술, 디자인, 문화 콘텐트, 교육, 과학 등 다양한 영역과 접목해서, 인간의 창의력을 확장하는 플랫폼, AI가 인간의 '생각 파트너'로 자리 잡을 수 있는 청사진까지 제시해야 합니다.

셋째, 인터페이스 영역에서 삼성전자 중심의 새로운 모델을 만들어야 합니다. 삼성전자는 갤럭시 S24에 온디바이스 AI칩을 넣어서 새로운 방식의 검색, 통역 서비스를 선보였습니다. 앞으로는 AI를 통해 인류가 기계와 인터페이스하는 새로운 모델을 정립해야 합니다.

단순히 말하면, 현재 인류는 키보드, 마우스, 조이스틱, 핸들, 버튼, 터치, 음성 인식 등으로 기계와 소통합니다. 삼성전자가 앞서 제시한 하드웨어, 소프트웨어 관련 AI 전략과 시너지를 낼 수 있는 영역은 새로운 인터페이스 모델을 만드는 것입니다.

일례로, 2024년 1월 일론 머스크는 인간 뇌에 컴퓨터칩을 이식하는 실험을 진행했습니다. 물론 FDA측으로부터 허가를 받았습니다. 일론 머스크의 장기적 도전 과제 중 하나는 인간이 기계와 인터페이스하는 방식을 재정의하는 것입니다. 머릿속에 심은 칩이 인간의 의도를 읽어내서 외부에 있는 기계와 전자기기를 작동한다는 접근입니다.

얼핏 보면 허황되고 너무 장기적인 꿈 같지만, AI를 통해 실현 가능성이 점차 높아지고 있습니다. 1960년대부터 지금까지 뇌-컴퓨터 인터페이스에 관한 다양한 시도가 있었으나, 기존 접근 방식은 AI와는 거리가 있었습니다. 2000년대 이후부터 AI를 활용한 시도가 있었

AI × 인간지능의 시대

출처: Prag News

고 최근 AI 발달이 급진하면서 그런 접근에 힘을 실어주고 있습니다. 단순히 보자면 인간이 몸을 써서 명확하게 명령을 내리지 않아도 AI 가 인간의 의도를 읽어낼 수 있다는 논리입니다. 스마트폰, 냉장고, TV 등을 사용하는 방법을 다르게, 좀 더 편하게 만드는 수준이 아닙니다. 인간이 외부 세상과 소통하는 방법을 본질적으로 재정의하는 것입니다. 그 과정에서 나타날 새로운 기기, 비즈니스 모델, 관련 산업은 미리 가늠하기도 어렵습니다.

인류는 인간의 몸을 기계로 대체했던 산업 혁명을 지나서 인류의 머리를 확장하는 지능 혁명을 향해 날아가고 있습니다. 먼 훗날, 아니, 조만간 세계 여러 곳의 소비자가 이렇게 생각했으면 합니다.

'삼성전자가 인류의 지능을 확장해주고 있다. 지능 혁명의 중심에 삼성전자가 있다.'

삼성전자가 좋은 제품을 공급해주는 기술 기업을 넘어, 인류의 지능과 삶을 혁신한 선두주자로 자리매김하길 기원합니다.

LG전자 :
살아있는 집을 만들다

옆 나라 일본의 신화에는 '삼종신기'라는 것이 존재합니다. 일본 건국 신화에서 태양의 신의 손자가 태양의 여신에게 받은 세 가지 보물을 뜻하는데요. 본래 '거울, 검, 곡옥'을 의미하던 이 단어는 1950년대에 색다른 의미가 추가됩니다. 바로 '흑백 TV, 냉장고, 세탁기'입니다. 일본에서는 이 세 가지 가전제품을 '가정의 삼신기'라고 칭하며 이 셋을 갖추기 위해 일했다고 합니다.

그리 멀지 않은 과거에도 가사노동은 100% 수작업이었습니다. 인간이 직접 청소, 빨래, 설거지, 조리 등등을 도맡아 했죠. 그런데 결국 사람 손으로 하는 거라서 언제나 양질의 결과가 나오진 않았습니다. 일할 수 있는 사람이 전부 아프기라도 하면 집안꼴은 엉망이 될 수밖에 없었죠. 특히 여성은 하루 종일 가사노동에만 매달려 있어서 그 외의 일을 하는 것이 불가능에 가까웠습니다.

그런 와중에 전기코드만 연결하면 온갖 재밌는 프로그램을 볼 수 있고, 음식도 오래 보관할 수 있고, 하루 종일 빨래에만 매달리지 않아도 되는 상황이 되었으니 그야말로 '신이 내린 보물'이었을 것입니다.

현재 우리는 그 보물이 더는 보물이 아닌 시대에서 살고 있습니다. 청소할 때는 청소기를 사용하고, 빨래할 때는 세탁기를 사용합니다. 음식은 냉장고에 보관하고, 불로 음식을 조리할 때는 가스레인지나 인덕션을 사용합니다. 더우면 선풍기나 에어컨을 사용하고, 추우면 온풍기를 사용합니다. 이 외에도 수없이 많은 가전제품이 생활필수품으로 자리잡았습니다. 또한, 계속해서 새로운 가전제품이 만들어지며 더욱더 편리한 삶을 살 수 있게 되었습니다.

그렇다면 이 이상 발전시킬 여지는 없는 것일까요? 우리는 이제 지금까지 발전한 것만을 활용하며 살아가는 것만도 다행이라고 만족하면 될까요? 그렇지 않습니다.

많은 전자제품이 가사노동량을 덜어주고 가사노동시간을 단축시킨 것은 사실입니다. 하지만 결국 그 모든 것은 인간의 손길이 닿아야 가능한 일입니다. 인간은 청소기를 작동시켜 청소하고, 세탁기를 작동시켜 빨래합니다. 냉장고에 음식을 보관하고 꺼내는 것도, 가스레인지와 인덕션의 화력을 조절하는 것도, 선풍기나 에어컨이나 온풍기의 온도를 조절하는 것도 전부 인간의 손을 타는 일입니다. 인간이 전부 생각하고 판단해서 조작해주지 않으면 고철덩어리에 지나지 않는 것입니다.

그런데 만약 이런 고철 덩어리들이 서로 엉켜서 지능적으로 움직인다면 어떨까요?

LG전자는 2024년 1월에 스마트홈 플랫폼 전략을 본격화한다고 발표했습니다. 궁극적인 목표는 LG 씽큐 플랫폼에 온디바이스 AI를 기반으로 하는 생성형 AI를 도입하여 사용성을 높이는 것이라고도 했습니다. 세계 최대 가전 IT 박람회인 'CES 2024'에서 집이나 다름없는 자동차인 'LG알파블'을 선보이고 며칠 지나지 않은 때였습니다.

분명 현재까지 만들어진 가전제품도 유용합니다. 옛날처럼 인간이 직접 가사노동을 하며 시간을 보내게 되지는 않았으니까요. 하지만 아직 비효율적입니다. 에너지 측면만 놓고 봐도 그렇습니다. 개별적으로 움직여야 하는 가전제품은 그것을 쥔 인간의 능력에 따라 필요 이상의 에너지를 소비하게 됩니다. 굳이 청소하지 않아도 되는 곳을 청소하고, 이미 빨랫감의 때를 전부 뺐는데도 계속해서 빨래를 합니다. 오랫동안 방치된 음식물을 계속 저온으로 보관하고, 지정 온도를 위해 급격하게 온도를 낮추거나 높입니다. 게다가 인간 또한 가전제품을 사용하기 위해 시간을 소비합니다.

AI × 인간지능의 시대

그렇다면 우리는 이런 생각을 해 볼 수 있습니다. 가전제품을 움직이는 주체가 인간이 아니라 AI가 된다면? 인간이 별다른 조작을 하지 않아도 집이 살아있는 것처럼 환경을 관리해준다면?

만약 AI가 주체적으로 가전제품을 조작한다면 앞서 말한 문제점은 전부 사라지게 됩니다. 필요한 곳에 필요한 양의 에너지를 효율적으로 소비하게 되니 자원 소비를 줄일 수 있습니다. 또한, 인간은 가사노동을 위해 소비했던 시간적·정신적 자원을 줄일 수 있습니다. 바닥 상태를 확인할 필요도 없고, 빨래를 언제 해야 할지를 고민할 필요도 없습니다. 냉장고 안에 무엇을 언제 넣어놓았는지 일일이 체크할 필요도 없고, 한여름이나 한겨울에 외출했다 돌아왔을 때 밖과 다를 게 없는 온도에 괴로워할 이유도 없습니다.

이는 단순한 가사노동의 대체가 아니라 삶의 경험을 재창조하는 것입니다. 각각의 가전제품이 별도로 움직이는 것도 아닙니다. 예를 들어, TV로 먹방을 한동안 즐겼다면 냉장고에 다가갔을 때 TV로 봤던 음식의 레시피를 제안받고 오븐은 그에 맞춰 예열될 수 있습니다.

또한, AI를 활용하면 이사를 가거나 가전제품을 바꿔도 기존 삶의 패턴을 그대로 유지할 수 있습니다. 이전에 학습된 데이터를 새로운 가전제품이 끌어오기만 하면, 하드웨어가 고객의 라이프 스타일을 배워서 개인화된 서비스를 제공할 수 있기 때문입니다. 예를 들어, 세탁기를 바꿔도 새로운 세탁기가 기존 세탁기를 사용하던 패턴을 바탕으로 고객에게 개인화된 기능을 제공하면 됩니다.

고객이 지구 반대편으로 이사를 가거나, 에어비앤비를 통해 다른 이의 집을 빌려도 이 같은 연결성을 유지할 수 있습니다. 고객이 집에 들어서는 순간, 그 고객의 라이프 스타일에 맞춰서 집안의 모든 가전제품이 움직이면 되니까요. 여기에 필요한 조건은 단 하나, LG전자의 제품을 사용하는 것입니다. LG전자를 통해 이전의 삶과 오늘의 삶이 연결되는 내일, 이 공간과 저 공간의 경험이 연결되는 생활을 만들어야 합니다.

집은 콘크리트와 기계, 전자제품으로 채워진 공간이 아니라, 나를 이해하고 나에 맞게 살아 숨 쉬는 생명체로 진화해야 합니다. 그 꿈의 중심에 LG전자가 우뚝 서야 합니다.

블랙야크 :
AI로 제품을 디자인하다

2023년 5월에 마크본라마MarkVonRama라는 이름의 디자이너가 AI를 활용하여 나이키 스니커즈와 의자를 결합한 의자 디자인을 선보인 적이 있습니다.

출처 : Marco Rumbuldi 인스타그램

이 의자 디자인이 화제가 되고 4개월 뒤, 2023년 9월에 나이키는 AI로 디자인하고 친환경 소재를 활용하여 3D 프린터로 만든 신발을 공개하였습니다.

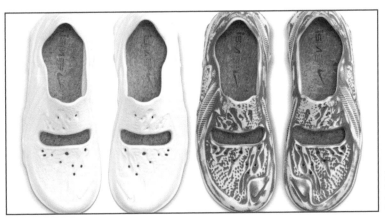

출처 : 나이키

디자인 영역은 지금까지 인간의 영역이라고만 여겨졌는데, 나이키에서는 그 절대적인 믿음을 한순간에 박살낸 것입니다. 게다가 나이키 의자 디자인은 이미지만 있고 실제로 만들어지진 않았으나 나이키 신발은 단순히 디자인에서 그치지 않고 실제로 만들어지기까지 했습니다. 심지어 친환경 소재를 활용하여 3D 프린터로 만들었습니다. 신발 하나를 만드는 데 인간의 손을 거의 타지 않은 것입니다.

만약 나이키 신발처럼 AI로 디자인한 옷을 산업용 로봇으로 만든다면 어떻게 될까요? 그것도 몇 가지 디자인을 대량생산하는 것이 아니라 구매자에게 맞게 커스터마이징한 옷을 소량 생산한다면? 이렇게 되면 굉장히 많은 장점이 있습니다.

먼저 구매자는 자신을 위한 옷을 저렴하게 구입할 수 있습니다.

AI × 인간지능의 시대

자신만을 위해 만들어진 맞춤복을 비싼 돈을 주고 사지 않아도 되는 것입니다.

이는 생산자 입장에서도 효율적입니다. 지금까지는 '팔릴 것 같은 디자인의 옷을 대량생산'해서 팔았지만, 앞으로는 AI와 로봇을 활용하면 '돈을 미리 받고 구매자가 원하는 수량만 제작'해서 팔 수도 있습니다. 이렇게 개인별 맞춤복을 판매하고 공산품 대량생산을 줄이면 그만큼 자원과 에너지를 절약할 수 있습니다. 아무도 입지 못하고 버려지는 옷을 줄이게 되니 환경파괴도 적어집니다.

AI 디자인은 그렇다 쳐도 산업용 로봇이 옷을 만드는 게 말이 되냐고 생각하실 수도 있지만, 현재 우리나라는 산업용 로봇 밀도 1위입니다. 로봇 밀도는 '노동자 1만명 당 로봇 대수'를 의미하는데 우리나라의 로봇 밀도는 2022년에 1,012대입니다. 즉, 노동자 1만 명 당 1천 대의 로봇이 일하고 있다는 의미입니다. 이렇게 높은 로봇 밀도에도 만족하지 못한 정부는 2030년까지 로봇산업 규모를 5조 6천억 원에서 20조 원 이상 규모로 키우겠다고 발표했습니다. 특히 산업 분야에 68만 대를 신규 보급한다고 합니다.

또한, 아웃도어 시장은 현재 레드오션 상태입니다. 아웃도어 브랜드 종류는 엄청나게 많은데, 업종 전체의 성장세는 둔화되는 편입니다. 게다가 아웃도어 브랜드에 붙은 '중장년층 이미지'라는 딱지를 떼고 전 연령층이 구매하게 하는 것은 참 힘든 일입니다.

따라서 'AI로 개인별 커스터마이징한 옷을 산업 로봇으로 제작하여 지금보다 더 고가 브랜드가 되는 것'은 가능하냐, 불가능하냐를 따질 상황이 아닙니다. 언제 시작할지를 결정해야 하는 상황인 것입니다.

아모레퍼시픽 :
나만의 헤어메이크업 선생님

세계 최대 규모의 소비자 가전 전시회인 'CES 2024'의 개막 기조 연설은 뷰티기업인 로레알의 CEO가 맡았습니다. 앞서 말했듯 CES 는 '세계 최대 규모의 소비자 가전 전시회'이므로 기조연설 자리 또한 '누구든 단상에 올라가고 싶지만, 아무나 올라가지 못 하는 곳'입니다. 그런데 어떻게 뷰티기업 CEO가 단상에 오를 수 있었을까요?

로레알 CEO인 니콜라스 히에로니무스Nicolas Hieronimus는 기조연설에서 생성형 AI 챗봇인 '로레알 뷰티 지니어스'를 선보였습니다. 로레알 뷰티 지니어스는 '사진 정보를 활용해서 피부 톤과 상태 등을 확인하고 적합한 화장품이나 화장 방법 등을 추천해주는 AI 챗봇'입니다.

단순히 추천하는 데서 끝나는 것이 아니라 증강현실을 기반으로 하여 화장품을 구매하기도 전에 실시간으로 메이크업이나 헤어 컬러를 시험해볼 수 있게 해주는 기능도 있습니다.

인간은 정확히 언제부터 시작되었다고 말하기도 힘들 만큼 아주 옛날부터 화장을 했습니다. 단순히 얼굴이나 몸을 색칠하는 것부터 시작해서 갖가지 재료를 활용해 얼굴을 하얗게 하고 머리를 다른 색으로 물들였습니다. 그만큼 화장과 관련한 산업은 오랫동안 지속되었고 현재도 많은 기업이 다양한 화장품을 만들고 있습니다. 그러다 보니 화장품의 종류가 너무 많아서 소비자는 소비자대로 무슨 화장품을 사야 할지 모르겠고, 기업은 기업대로 다른 기업에서 만든 것보다 자신들이 만든 게 더 낫다는 것을 설득하는 방법을 강구해야 했습니다. 또한, 소비자가 수없이 많은 화장품 종류에 질리거나 화장 방법을 잘 몰라서 안 하느니만 못한 화장을 한 탓에 화장 자체를 포기하게 되는 상황을 방지해야 했습니다. 백화점의 화장품 코너에서 사람을 앉혀놓고 메이크업 과정을 보여주는 이유가 바로 여기에 있는 것입니다.

그러나 한두 명을 대상으로 하는 것이다 보니 메이크업쇼에 사용된 화장품과 화장법이 모두에게 딱 들어맞는 것도 아닙니다. 오히려 '그때는 좋아보였는데 직접 써보니까 영 아니네.'라는 생각으로 더는 그 제품을 구매하지 않는 사람도 얼마든지 생길 수 있습니다.

이 같은 상황이 일어나는 이유는 결국 화장품도 화장법도 '개인별 맞춤'이 필요하기 때문입니다. 나에게는 좋았지만 다른 사람에겐 트러블을 유발하는 화장품 또는 반대 경우의 화장품에 대한 경험담이 계속해서 나오는 이유, 내가 할 때는 자연스러웠지만 다른 사람이 할 때는 이상한 화장법 또는 반대 경우의 화장법에 대한 경험담이 계속해서 나오는 이유도 이 때문입니다.

따라서 기업도 소비자도 이득을 보기 위해서는 개인별 맞춤 화장품과 개인별 맞춤 화장법을 소개해야 합니다. 그리고 AI의 데이터 습득 능력과 데이터 처리 능력은 그 같은 '맞춤 화장품'과 '맞춤 화장법'을 소개할 수 있습니다. 또한, 헤어메이크업은 단순메이크업보다는 중요하게 여기는 사람이 많지 않은 편입니다. 머릿결이 원래 안 좋았던 사람이라면 몰라도 머릿결이 괜찮은 사람은 헤어메이크업을 해도 극적인 변화가 일어나지 않는 것도 그에 한몫합니다. 그래서 헤어메이크업에 필요한 화장품이나 화장법을 알 수 있는 방법이 한정적입니다. 그러므로 이럴 때일수록 소비자에게 AI 메이크업 선생님을, 특히 AI 헤어메이크업 선생님을 소개시켜줘야 하는 것입니다.

2023년 말, 아모레퍼시픽은 닥터 아모레를 선보였습니다. 이는 사진만으로 주름, 색소 침착, 모공 등 다양한 피부 고민을 높은 수준으로 판단할 수 있는 시스템입니다. 그리고 임상 전문가의 평가를 딥러

닝해 만든 AI기반 피부 진단 시스템입니다. 아모레퍼시픽이 이러한 노력을 더 확대했으면 하는 바람입니다.

뷰티산업의 출발점은 제조업이었을까요? 저는 좀 다르게 생각합니다. 인류는 태초부터 아름다워지고 싶은 꿈을 갖고 있었지만, 그런 꿈을 이룰 수 있는 집단은 일부 부유층 중심이었습니다. 귀한 재료로 만들어진 화장품을 대면 서비스를 통해 전달하는 형태였습니다. 그러다가 산업화가 급진하면서 대규모 유통모델이 만들어졌습니다. 시중에는 정말 다양한 뷰티제품이 넘쳐납니다. 뷰티정보를 제공하는 동영상 콘텐츠, 소셜 미디어 포스팅의 수는 헤아릴 수조차 없습니다. 좋은 제품, 세세한 정보는 넘칩니다. 중요한 점은 그런 제품과 정보를 개별 고객에 맞게 큐레이션해줘서 개별 고객이 최고의 경험을 하도록 만들어주는 겁니다.

아모레퍼시픽은 2021년 매출액 4조 8,631억 원, 영업이익 3,434억 원을 기록한 이후 2022년, 2023년 연속으로 매출액과 영업이익이 감소했습니다. 뷰티 산업은 서비스 기반 경험 사업으로 바뀌고 있습니다. 단순히 구조조정이나 브랜드 리뉴얼만으로는 안정적으로 가치를 유지하기가 쉽지 않습니다.

인간은 평생 아름다움을 좇는 존재입니다. 그런 아름다움을 채우기 위해 연예인들은 인간 전문가를 늘 곁에 둡니다. 대중은 그렇게 전문가의 관리를 받는 연예인을 참 부러워합니다. 그러나 아모레퍼시픽이 보유한 전문성, 노하우는 그런 몇몇 전문가의 역량과 비교가 안 될 수준입니다. 다만, 기존 기술로는 그런 전문성, 노하우를 개개인이 경험하게 전달하기가 어려웠을 뿐입니다.

이제 AI라는 새로운 매체가 열렸습니다. 아모레퍼시픽이 가진 아름다움의 철학, 노하우를 전 세계인에게 각자의 특성에 맞게 전달해 주면 좋겠습니다. 물론 이 과정에서 기존 사업 영역이나 연구 영역에서 상대적으로 적은 비중을 차지했던 IT, 데이터 등에 관한 투자가 더 필요할 것입니다. 그래서 과감한 투자에 주저할 수 있습니다. 그러나 이렇게 생각하면 좋겠습니다. 제품은 쉽게 바꿀지라도, 한 번 매혹된 경험에서는 쉽게 헤어 나오지 못합니다. 이제 그렇게 헤어 나오기 어려운 아름다움의 경험을 아모레퍼시픽이 고객에게 선사할 순간입니다.

무신사 :
나만의 옷장이 되다

현대인은 '무슨 옷을 입어야 하는지'에 대해 고민하는 경우가 많아졌습니다. 삼시세끼 메뉴를 결정하는 것도 골치 아픈데 무슨 옷을 입을지까지 고민해야 하니 그야말로 골치가 아픈 상황인 것입니다.

그렇다면 AI로 이 같은 문제를 해결할 수 있을까요?

어떤 쇼핑몰이든 기본적으로 갖추고 있는 기능이 있습니다. 바로 '예전에 무슨 옷을 샀는지 알려주는 기능'입니다. 이 기능은 고객의 과거 구매 이력을 저장해놓기에 서비스할 수 있는 기능인데, 중요한 점은 이 과거 구매 이력이 마이데이터라는 점입니다. 이 마이데이터를 기반으로 하고 회원에게 직업, 외모, 연령, 취미, 콘텐츠, 문화 소비 취향 등의 개인정보를 조금 더 제공받으면 단순히 기존 구매 패턴을 분석해서 신규 상품을 추천하는 것을 넘어서서 하나의 옷장을 만들어낼 수도 있습니다. 그리고 그 옷장에는 '내가 이미 구매한 옷'만이 아니라 '내가 앞으로 구매하려던 옷'과 '나는 아직 알지 못했지만 알았으면 샀을 옷'까지 구현할 수 있습니다. 또한, 그 옷장에서 '아직 구매하진 않았지만 보고 나니까 마음에 들어서 사고 싶은 옷'은 약간 의 수수료를 내고 시착해볼 수 있게 해보면 어떨까요?

또한, 이 같은 AI 옷장이 안정화되면 고객마다 자신의 패션 브랜 드를 만들 수도 있습니다. 가내수공업 시대에는 옷을 전부 사람이 직 접 만들어야 했기에 대량생산이 불가능했습니다. 하지만 산업 혁명 시대를 거치며 옷은 소품종 대량생산이 가능하게 되었습니다. 그러 다 보니 옷 자체의 가격은 저렴해졌지만, 공장에서 만드는 옷 외의 옷 은 구매할 수 없게 되었습니다. 따라서 옷 브랜드가 만들어내는 기성 복을 조합하여 자신의 개성을 드러내는 형태의 소비 패턴이 정착하 게 되었는데요. 만약 AI 옷장이 퍼지게 된다면 개인의 세세한 취향 에 맞춘 '나만의 브랜드'를 만드는 것도 가능해집니다. 예를 들어, 저 는 제가 연구하는 분야와 제 정체성을 설명할 때 사용하는 표현인 'mind mover'라는 이름의 브랜드 옷을 만들어 입을 수도 있습니다.

그렇게 되면 무신사는 단순히 '브랜드 상품을 파는 쇼핑몰'에서 벗어나 '브랜드를 만들어주는 쇼핑몰'이 될 수 있을 것입니다.

무신사는 2022년 2월에 '무신사 스냅MUSINSA SNAP'이라는 서비 스를 일반인 대상으로 확대했는데요. 무신사 스냅은 '자신의 패션을 사진으로 찍어 업로드'하거나 '내게 맞는 스타일을 찾을 수 있거나' '마음에 드는 스냅을 고르면 자신이 선호하는 패션 스타일을 볼 수 있게 해주는' 서비스입니다.

이처럼 소품종 대량판매가 아니라 개인별 맞춤형으로 옷을 판매하려는 무신사의 사업모델에 AI 옷장은 내 몸에 꼭 맞는 옷과 같은 서비스가 될 것입니다.

쿠팡 :
지갑을 쿠팡에게 맡기다

SF 장르에서는 '주인이 바라는 바를 미리 알고 제안하는 AI가 나온다.'라는 클리셰가 있습니다. 정확히는 '그 정도로 뛰어난 AI를 탑재한 로봇이 나오는 경우'라고 할 수 있겠으나 로봇이 하드웨어만으로 움직이는 것은 아니니까요.

그렇다면 이것은 단순히 상상 속에서만 일어날 수 있는 일일까요? 그렇지 않습니다. 연산처리능력이 뛰어난 AI에게 제대로 된 데이터를 입력하면 얼마든지 가능한 일입니다.

쿠팡처럼 다양한 물건을 판매하는 쇼핑몰은 고객의 라이프 스타일을 파악하기에 충분한 데이터를 얻을 수 있습니다. 이 데이터를 잘만 이용하면 '원트want' 시장을 넘어서서 '니즈need' 시장을 섭렵할 수 있습니다.

예를 들어, 금요일 아침만 되면 쿠팡에서 생수를 사는 사람이 있다고 가정해봅시다. 그렇다면 이 사람에게 금요일 아침의 생수는 '원트_{want}'인 물품입니다. 구매하고자 하는 물품이죠. 하지만 이 사람 집에 생수가 떨어진 시점은 금요일 아침이 아닐 가능성이 높습니다. 이미 목요일 저녁에 생수가 다 떨어졌지만 바빠서 또는 귀찮아서 다음 날 아침에 주문하는 것일 수도 있습니다.

그렇다면 AI가 이 니즈를 미리 파악해서 목요일 아침에 미리 생수를 결제해 당일 저녁에 받아볼 수 있게 하면 어떨까요? 고객이 직접 결제할 필요도 없이 미리 정해진 결제범위 내에서 구매하게 해놓는다면? 예상치 못한 상황으로 인해 필요하지도 않은 물건이 오는 경우도 분명 있긴 할 겁니다. 하지만 기본적으로는 고객이 원하는 물건을 받게 될 것이고 반품이나 교환 없이 사용할 것입니다. 그리고 계속해서 쿠팡을 사용할 것입니다.

AI는 이 이상을 보여줄 수 있습니다. 인구통계학적 정보를 바탕으로 하여 '고객이 구매한 적은 없지만, 구매했을 때 결코 반품하거나 교환하지 않을 상품'을 구매하여 보내줄 수도 있습니다. SF 창작물에 나오는 '주인이 바라는 바를 미리 알고 제안하는 AI'인 셈입니다.

또한, 이렇게 라이프 스타일을 분석하고 니즈를 제안하는 수준의 AI라면 '쿠팡 지갑'을 만들 수도 있습니다. 예를 들어 동네 마트에 가서 계란을 사려 한다고 가정해봅시다. 그러면 '쿠팡 지갑'이 고객에게 말하는 것입니다. '고객님의 라이프 스타일을 분석해본 바에 따르면 고객님은 오늘 저녁이 아니라 내일 아침에 계란을 먹으려 하고 있습니다. 현재 이 마트의 계란은 6,000원이므로 제가 내일 아침 5,500원에 새벽 배송으로 계란을 보내드리겠습니다.'

이것은 꿈이 아닙니다. 아직 이루어지지 않은 현실입니다.

롯데백화점 :
개인 백화점으로 초대하다

1852년 프랑스 파리에서 '봉 마르셰Bon Marchè'라고 하는 상점이 영업을 시작하였습니다. 그리고 1870년대에는 영국과 미국 각처에 계속 등장하며 보편화되었는데요. 이것이 바로 초기의 백화점입니다.

우리나라에서는 1930년을 전후하여 생겨나기 시작한 백화점은 이제 생활에서 떼려야 뗄 수 없는 곳이 되었습니다. 단순 마트와는 비교할 수 없을 정도로 많은 상품을 구비해두는데다 다양한 이벤트를 진행하고 문화생활도 누릴 수 있게 되었으니 꼭 명품을 사려는 것이 아니어도 백화점에 찾아가는 사람이 많습니다.

하지만 대부분의 대기업이 그러하듯 백화점 또한 덩치가 커진 탓에 변화가 더딘 편입니다. 기술도 사람들 수준도 점점 높아지고 있는데 마케팅은 아날로그적 방식을 고수하고 있기 때문입니다.

기본적으로 백화점은 VIP, VVIP가 아니면 쿠폰을 그렇게 많이 제공하지 않습니다. 뿌린다고 하더라도 백화점 앱을 다운로드받은 사람에게만 제공하고 그마저도 어떤 쿠폰이 들어왔는지를 일일이 확인해야 합니다. 게다가 백화점 지점별로 이벤트를 하는 일정이나 내용이 다른 편인데 그것을 고객에게 일일이 알려주지 않습니다. 그래서 A 백화점에 갔으면 구매했을 고객이 B 백화점에 갔다가 아무것도 안 사게 되는 상황이 일어나고 있습니다.

우리나라의 백화점은 기본적으로 거대기업 계열사 중 하나인 경우가 많은데요. 그러다 보니 하나의 아이디로 여러 곳에서 마일리지를 쌓게 되는 경우가 많습니다. 롯데백화점도 롯데백화점에서 물건을 사면 롯데백화점 포인트가 쌓이는 것이 아니라 롯데 계열사에서 쌓을 수 있는 '엘포인트'라는 마일리지 포인트가 쌓입니다. 따라서 롯데백화점에 물건을 구매하러 온 엘포인트 아이디 소유자는 롯데백화점에서 구매한 이력 이상의 정보를 롯데에 제공하고 있는 것이나 마찬가지입니다. 즉, AI가 그 모든 정보를 취합하여 분석하면 '해당 고객에게 무엇을 추천해야 하는지'를 넘어서서 '해당 고객이 현재 어느 지점 백화점에 찾아가야 물건을 구매할 가능성이 높아지는지'를 알 수 있습니다.

앞서 말했듯이 모든 고객이 백화점에 명품을 구매하러 오는 것이 아닙니다. 그렇다고 해서 가전제품만 사러 오는 것도 아닙니다. 백화점 내에 있는 식당을 찾아올 수도 있고, 영화관에 영화를 보러 올 수도 있고, 문화센터에 찾아올 수도 있습니다. 그런데 그런 사람에게 단순히 명품 할인 쿠폰이나 소개 문자를 보낸다고 해서 찾아오게 될까요?

또한, MZ 세대는 단순히 오프라인 매장에서 마음에 드는 물건을 무작정 집어들지 않습니다. 오프라인에서 얼마에 파는지를 파악하고 온라인 쇼핑몰에서 구매하는 경우가 한가득입니다. 이 같은 상황을 방치하면 백화점은 가격비교 사이트 정도로 바뀌게 될 것입니다. 그렇게 되지 않으려면 롯데에서 가지고 있는 데이터를 최대한 활용할 필요가 있습니다. AI를 활용하여 오프라인 매장 데이터를 확인해서 해당 고객이 어느 매장에 얼마나 머물렀는지를 파악한 뒤, 다음날 정도에 롯데몰 앱에서 동일한 브랜드의 쿠폰을 제공하는 것입니다. 만약 식당 같은 곳이라면 해당 식당의 쿠폰을 제공해서 재방문하게 할 수도 있습니다.

롯데는 오프라인 유통 중심으로 성장한 기업입니다. 과거 대다수 기업이 그러했듯 오프라인 유통을 기반으로 홈쇼핑, 온라인몰 등으로 성장해나갔는데요. 하지만 현재는 수없이 많은 회사가 생기고 그만큼 경쟁도 심화하였습니다. 파이 자체는 크게 늘어나지 않는데, 그 판에 끼어드려는 이들이 기하급수적으로 늘어났습니다.

하지만 아무리 기술이 좋아진다고 해도 모든 사람이 온라인으로 물건을 구매하는 것은 아닙니다. 기술 발전을 따라가지 못 하는 사람도 많고, 오프라인 매장에서 구매하는 '맛'을 즐기고 싶어 하는 사람도 많습니다. 그렇기에 오프라인 유통 산업을 완전히 접을 수도 없고 그래서도 안 됩니다.

그러므로 이미 만들어진 오프라인 유통 구조에 온라인을 잘 연결해서 시너지를 낼 필요가 있습니다. AI와 함께라면 얼마든지 가능한 일입니다.

AI × 인간지능의 시대

신한은행 :
금융서비스의 지능을 높이다

'기한 내에 돈을 갚지 못하면 가슴에서 가장 가까운 부근의 살 1파운드를 베어내겠다.'라는 계약 조건에 '살은 베어가되, 피는 한 방울도 흘려서는 안 된다.'라는 판결이 내려지는 『베니스의 상인』은 1600년에 초판이 출간되었습니다. 14세기에 이탈리아에서 근대적인 은행 시스템이 처음으로 등장하고, 교역을 바탕으로 부를 축적한 도시국가 중에 베네치아와 피렌체가 가장 부유했던 것을 고려하면 꽤나 의미심장한 제목이죠.

금융업은 왜 생긴 것일까요? 저는 금융업의 본질은 위험 관리라고 생각합니다. 만약 은행이 없다면 우리는 아직도 돈을 금고나 장판 밑에 숨겨놔야 했을 것입니다. 외출이라도 할라치면 혹시라도 도둑이 들진 않을까 싶어 덜덜 떨어야겠죠. 돈을 빌릴 때도 마찬가지입니다. 제3자를 끼우지 않고 개인끼리 돈을 빌리거나 빌려주면 나중에 말이 맞지 않을 수도 있습니다. 또한, 많은 돈을 빌리고 싶을 때도 곤

란해질 수 있습니다. 많은 돈을 빌리려면 일단 돈이 많은 사람이 있어야 하고, 그 사람이 나한테 돈을 빌려주기로 해야 합니다. 너 마음에 안 드니까 돈 안 빌려주겠다고 하면 도둑질이라도 하지 않는 이상엔 돈을 마련할 수가 없죠. 이 외에도 금융업이 존재하지 않으면 벌어질 수 있는 곤란한 상황이 많습니다. 따라서 금융업은 필요에 의해 생겨난 것이며 그 필요성은 위험 관리인 것입니다.

이런 상황이다 보니 누구나 은행 계좌 하나 정도는 가지고 있습니다. 특히 20세 이상이 되면 통장 하나도 없는 상황은 거의 없을 정도입니다. 이제는 아르바이트를 하고 받는 급여도 현찰이 아니라 통장으로 받기 때문에 은행과 떨어져 살 수 없는 시대인 것입니다.

그런데 은행의 크기가 너무 커진 탓에 백화점과 비슷한 정도로 변화가 더딥니다. 하지만 시대의 흐름은 절대 그 누구도 기다려주지 않습니다. 현재 전통적 은행이나 전통적 금융업은 인터넷 기반 금융업에 위협받고 있습니다. 카카오뱅크와 토스가 계속해서 치고 올라오는 이 상황에서도 가만히 손을 놓고 있을 수는 없습니다.

그래서일까요. 은행도 카드사도 홈페이지에 앱에 온갖 온라인 서비스 플랫폼을 만들고 있긴 합니다. 하지만 여전히 쓰기가 불편합니다. 특히 그중에서도 서비스의 개인화가 거의 이루어져있지 않습니다. 어떤 은행의 앱이든, 어떤 카드사의 앱이든 메뉴가 너무 다양하고 복잡합니다. 무엇을 해야 내가 조금 더 혜택을 받을 수 있는지 알 방법이 없습니다. 오히려 '혜택을 조금이라도 덜 주기 위해서 이렇게 복잡하게 만들어놓았나.'라는 생각까지 들 정도입니다.

메뉴를 천천히 살펴보면 분명히 은행업무에 필요한 것이 나와있습니다. 하지만 그 모든 업무가 나에게 필요한 것은 아닙니다. 예를 들어 대학을 졸업하고 갓 취업한 사회인이 있다고 가정해봅시다. 이 연령대가 가장 많이 원하는 것은 무엇일까요? 전세자금 대출일 것입니다. 그렇다면 그 기능을 제일 상단에 보여주어야 일일이 찾는 수고를 덜 수 있습니다. 반대로 저 같은 경우에는 전세자금 대출 메뉴는 큰 의미가 없습니다. 그런데 갓 취업한 사회인도, 저도 똑같은 부분에서 전세자금 대출 메뉴를 보는 것입니다.

물론 금융권은 기타 산업과 다르게 돈을 다루는 곳이니만큼 인공지능을 도입하는 것이 어려울 수 있습니다. OECD는 2023년 12월에 '금융업에서의 생성형 AI'라는 보고서를 발간했는데요. 이 보고서에는 금융업이 인공지능을 도입할 때 효과적인 파트와 주의할 점에 대해 나와있습니다.

지금 당장은 금융업에 종사하는 IT 전문 인력이 타 산업으로 이직하는 경우가 많습니다. 즉, 금융업에서 IT 전문 인력을 채용하는 것이 점점 어려워지고 있습니다. 그러다 보니 현재는 프로그램을 짜거나 버그를 찾는 코딩, 시스템 유지보수 등의 업무에 AI 도입을 활성화하려 합니다. 또한, 금융업에서는 준법 감시, 돈세탁과 테러자금 이동 방지, 위조와 변조 방지 등을 위해 인력을 투입하는 경우가 많았지만, 현실적으로 인력만으로 모든 거래를 전부 감시 및 관리하는 것은 불가능합니다. 하지만 이런 영역에 AI를 사용하면 일부만 뽑아내서 검사하는 것이 아니라 1부터 10까지 전부 다 검사하는 것이 가능해져서 효율이 급상승할 수 있습니다.

다만 여기에도 문제는 있습니다. 바로 생성형 AI는 결과는 내놓을 수 있으나 결과를 내놓은 이유와 논리를 설명하지 못한다는 것입니다. 답은 내놓지만, 식은 내놓지 못 하는 것입니다. 예를 들어, AI가 고객 신용도 평가를 했다고 가정해봅시다. 모든 고객이 결과를 받아들인다면 모르겠지만, 아무리 공정하게 한다고 해도 이의를 제기하는 고객이 존재할 수 있습니다. 하지만 인간이 아니라 AI가 평가한 결과라면 이의를 제기한 고객에게 '왜 그런 결과가 나왔는지'를 설명해줄 수 없습니다.

또한, AI의 문제는 이것이 전부가 아닙니다. AI 도구나 파운데이션의 사용료가 갑자기 변할 수도 있고, 특정 서비스가 예고 없이 사라질 수도 있습니다. 아직 시장 초기이기 때문입니다. 그러므로 민감한 곳에 투자하거나 대규모로 투자하려 할 때는 주의해야 합니다.

마지막으로 금융업은 타 산업에 비해 법이나 규제가 빡빡할 수밖에 없습니다. 그래서 아직 우리나라에서는 '금융업에서 AI를 활용할 때의 규제'가 구체화되지 않은 부분이 많습니다. 그러므로 어떤 방향으로 규제가 이루어지게 될지, 실제로 어떤 방향으로 규제가 만들어지는지를 잘 관찰해야 합니다.

킨텍스 :
나만을 위한 전시를 열다

2019년 12월부터 시작된 코로나 사태는 지각변동과 같은 수준으로 세상을 바꿔놓았습니다. 전 세계에서 수없이 많은 사람이 사망하거나 후유증을 앓게 되었고, 심한 경우에는 오프라인에서의 만남이 불가능한 수준이었습니다. 이렇게 오프라인에서의 활동이 온라인 중심으로 재편되는 시기를 거치긴 했지만, 그렇다고 해서 오프라인의 가치가 사라지지는 않았습니다.

기본적으로 인간이 온라인 활동을 하게 된 시기는 오프라인 활동을 하던 시기에 비하면 지극히도 짧습니다. 1990년대에 PC통신이 시작되었던 것을 감안하면 이제 겨우 30년 남짓한 시기이니까요.

또한, 온라인에서는 온라인에서만 얻을 수 있는 게 있듯이 오프라인에서도 오프라인에서만 얻을 수 있는 것이 있습니다. 예를 들어 미켈란젤로의 '천지창조'는 컴퓨터로도 충분히 볼 수 있습니다. 하지만 그렇다고 해서 시스티나 예배당에 아무도 찾아가지 않는 것은 아닙니다. 오히려 지금도 수없이 많은 사람이 그 그림을 보러 찾아가고 있습니다. 우리나라에서는 킨텍스에서 수없이 많은 전시회를 개최하는데 그때마다 셀 수 없을 정도로 많은 사람이 찾아옵니다. 그 많은 사람이 컴퓨터를 사용하지 못하거나 시간과 돈이 너무 많아서 처치 곤란이라 그런 것일까요?

이렇게 오프라인에서만 얻을 수 있는 가치를 온라인으로 대체한다는 것은 처음부터 불가능한 일입니다. 사람이 산소 대신에 다른 대기물질로 숨을 쉬지는 못 하는 것처럼요. 하지만 그렇다고 해서 온라인의 가치인 저비용, 경험의 개인화를 전부 포기하는 것도 아까운 일입니다. 그렇다면 해답은 간단합니다. 둘을 잘 섞어 온라인의 강점을 AI를 통해 오프라인 전시 공간으로 끌고오는 것입니다.

예를 들어, 킨텍스 정도로 큰 전시회장에 가게 되면 그 안에서 개최되는 전시회의 규모도 굉장히 큰 편입니다. 그만큼 참가자도 많고, 방문객도 많습니다. 안내책자를 나눠주긴 하지만 짤막한 설명만 있는 경우가 잦아서 설명문만 보고 찾아갔는데 상상했던 것이 아니어서 낙담하는 경우도 생깁니다. 또는 설명문만 보고 나한테는 안 맞겠구나 싶어서 찾아가지 않았는데 의외로 내 취향에 맞는 전시였던 경우도 생깁니다. AI를 활용하면 이 같은 경우를 최대한 줄일 수 있습니다. 전시회 내의 참가부스가 정확히 어떤 것을 전시하는 것인지 확인하여 분석하고 사용자의 취향에 알맞은 것을 추천해줄 수 있습니다. 또한, 내비게이션처럼 효율적인 동선을 제공할 수도 있습니다. 그러면 인산인해인 전시회장 내에서도 편안하게 돌아다니며 구경할 수 있는 것입니다.

또한, 이 같은 AI에 추가적인 정보를 조금 더 넣으면 개인화된 도슨트 서비스를 제공할 수도 있습니다. 커피와 관련한 전시회장이 있다고 가정해봅시다. 그러면 전시회장에서 참가 신청을 받을 때 제출한 정보를 토대로 부스에 대한 설명을 만듭니다. 그리고 해당 부스 앞을 지나갈 때, 해당 부스가 어떤 것을 주제로 하여 참가했는지 설명하는 것입니다. 이곳은 에티오피아 커피 원두로 만드는 에스프레소가 주 상품이라거나 이곳은 캡슐 커피 판매 전문 부스라거나 하는 식으로 짧게 설명해줄 수도 있습니다. 그림 같은 경우에는 진짜 도슨트가 옆에 있는 것처럼 설명해줄 수도 있습니다.

오프라인 공간과 AI 기술이 합쳐져야만 가능한 것도 있습니다. 예를 들어, 오프라인 방문 고객을 AI로 매칭해서 오프라인 비즈니스 미팅을 제공하는 것도 가능합니다. 이는 오프라인 공간 내에서 일어나는 일에 AI 기술을 활용하여 만들 수 있는 결과물입니다. 이 외에도 '자신과 유사한 고객이 의외로 오래 머물렀던 부스의 방문 제안'을 받을 수도 있습니다. 자신과 비슷한 사람이 오래 머무른 부스라면 적어도 '왜 여기에 들러야 하는지 이해할 수 없는 일'은 일어나지 않을 테니까요.

또한, 전시공간 임대, 전시회 기획, 전시회 마케팅, 전시 관련 교육 등은 전시회를 성공시키기 위해 꼭 필요한 것입니다. 동시에 어느 것 하나 돈이 안 들어가는 것이 없습니다. 여기에 AI를 적극적으로 활용하면 비용을 절감할 수 있습니다.

오프라인과 온라인은 상생관계입니다. 떼어놓고 생각할 것이 아니라 둘의 장단점을 어떻게 취합하고 보완할지를 생각해야 합니다.

신라호텔 :
개인 컨시어지를 붙여주다

'정확히 어느 시대인지는 모르겠지만 중세 분위기를 풍기는 시대' 를 다룬 창작물을 보면 인물이 비 내리는 밤에 성을 찾아갔을 때 촛 불을 들고 안내하는 사람이 나오는 경우가 있습니다. '미녀와 야수' 에서 나오는 촛대인 '뤼미에르'처럼요. 이처럼 중세시대에 성을 지키 며, 초를 들고 성을 안내하는 사람인 '촛불관리자le comte des cierges'라는 프랑스어가 '컨시어지concierge'의 유래입니다.

어떤 직업이든 본래 하던 일이 점점 확장되는 것처럼 컨시어지 또 한 초기에는 호텔에서 고객을 맞이하고 객실 서비스를 총괄하는 사 람이었지만, 이제는 호텔에서 만날 수 있는 개인비서 정도가 되었습 니다. 고객의 짐을 들어주고, 교통 안내에, 관광·쇼핑 안내에, 음식점 을 추천하거나 예약 정보를 제공하고, 심지어 고객이 직접 구하기가 어려운 티켓 구매 대행 등까지 하고 있습니다. 하지만 오프라인에서 는 호텔 투숙객 모두에게 컨시어지를 배정하는 것이 불가능합니다.

그러기 위해서는 투숙객만큼의 컨시어지를 고용해야 하니까요. 하지만 거듭 말해왔듯이 우리는 오프라인에서 살면서도 온라인에서 살고 있고, 우리의 데이터는 오프라인만이 아니라 온라인에도 남습니다.

만약 스마트홈 기술을 객실 전부에 도입한다면 어떻게 될까요? 고객의 패턴을 분석하여 온도를 높이거나 낮추고, TV에 고객이 좋아하는 것을 보여주고, 투명 디스플레이 패널로 유리창을 만들어 고객이 좋아하는 풍경을 보여주는 겁니다. 이러면 고객은 나만을 위한 객실에 투숙하는 느낌을 받을 것입니다.

또한, 이를 LG전자의 스마트홈 기술과 연동한다면 내 집에서 쌓인 데이터를 호텔에 적용할 수도 있습니다. 국내 호텔은 몰라도 외국 호텔에서 투숙하게 되면 낯선 느낌을 받게 되는데요. 이 낯설음을 좋아하는 사람도 있지만, 불편해하는 사람도 있습니다. 그리고 이 낯설음을 불편해하는 사람에게 '외국에서도 내 집 같은 느낌을 주는 호텔'은 웃돈을 주고서라도 묵고 싶은 곳이 될 것입니다.

마지막으로 관광이나 비즈니스 정보 등도 개인화하여 제공할 수 있습니다. 마이데이터를 호텔 산업에 적용한다면 호텔을 거점으로 하여 새로운 소비 문화를 이끌어낼 수도 있습니다. 만약 부산에 살던 사람이 서울의 신라호텔에 머무른다고 가정해봅시다. 부산과 서울은 뚝 떨어져 있기에 부산에 살던 사람이 서울로 올라오면 상당히 낯선 느낌을 받을 수 있습니다. 그렇다면 만약 이 사람에게 '부산에서 많이 찾아가던 곳과 비슷한 곳'을 추천해준다면 어떨까요? 그리고 '부산에서 많이 소비하던 것이 있는 곳'을 추천해준다면? 예를 들어, 부산에 있는 분위기 좋은 카페를 많이 찾아다니며 커피와 치즈 케이크를 많이 사먹던 사람에게 서울에 있는 분위기 좋고 치즈 케이크가 있는 카페를 추천해주는 겁니다. 이때, 추천하는 곳은 규모를 구분하지 않습니다. 대규모 카페와 동네 카페를 구분하지 않고 단지 투숙객이 만족할 만한 카페를 추천해준다면 분명 지역 경제 생태계에도 도움이 될 것입니다.

단지 호텔에 묵는 것만으로 내가 가고 싶은 곳, 내가 가서 즐길 수 있는 곳을 알게 되는 것은 투숙객에게는 매우 즐겁고 행복한 경험이 될 것입니다.

KT :
통신망이 아닌 신경망을 제공하다

1990년대 초에는 통화를 그리 많이 하지 않는 가정집에서 전화비 폭탄을 맞는 경우가 더러 있었습니다. 바로 전화 모뎀을 사용해서 PC 통신을 하는 사람이 많았기 때문입니다.

월드 와이드 웹World Wide Web, 즉 www로 시작하는 인터넷 홈페이지가 생기기도 전에 서비스됐던 PC 통신은 일반 전화선을 사용했기 때문에 PC 통신을 하는 데 사용하는 시간은 그대로 전화를 거는 데 사용하는 시간이 되었습니다. 그래서 별로 통화도 하지 않았는데 전화비가 몇십만 원씩 나오는 일이 벌어졌습니다. 그게 겨우 30년 전 일입니다.

그런데 지금은 어떤가요? 국내 어디를 가든 인터넷이 안 되는 곳이 없습니다. 그리고 인터넷을 사용하지 않는 사람도 거의 없습니다. 이제는 초등학생 시절부터 코딩을 배우고 노인문화센터에서 컴퓨터 사용법을 배우는 것이 별로 신기한 일도 아닙니다. KT에서 국내 곳

곳에 통신망을 설치했기에 가능한 일이기도 합니다.

　하지만 안타깝게도 이 통신망은 아직까지도 고객 간 소통을 중계하는 데 그치고 있습니다. 분명 소통량과 사용량이 계속해서 증가하고 있는데 KT는 그것을 활용하지 못하고 있습니다. 게다가 가장 큰 문제점은 정보 전달 비용이 점점 더 낮아지고 있는데도 변화가 없다는 점입니다. 또한, 우리나라에 갑자기 대지진이 일어나서 통신망이 전부 다 갈아엎어지지 않는 이상엔 더 설치할 곳도 없다시피 합니다.

　KT가 해야 할 일은 '정보화의 다리'에서 벗어나 '지능의 다리'가 되는 것입니다. 현재 우리나라의 통신망은 KT라는 거대 플랫폼에 연결되어 있는 신경망입니다. 이 신경망에 연결되어 있는 기업이나 개인의 사고를 읽어내서 추가 가치를 확장하는 파트너와 연결하는 것이 핵심 비즈니스가 되어야 합니다.

　현재 서비스하고 있는 '외식 플랫폼 앱'인 '배달의 민족'만 봐도 알 수 있습니다. 배달의 민족은 2022년에 배달 정보를 바탕으로 식당 경영 컨설팅을 한 적이 있는데, 한 식당은 컨설팅에 참여한 후 월 매출이 183% 증가했습니다. 이는 다른 곳에서 정보를 사온 것이 아니라 '배달의 민족' 앱 내에서 수집한 정보를 바탕으로 컨설팅을 한 결과였습니다.

　넓게 보면 KT는 모든 데이터와 소통이 오가는 길목입니다. 하지만 현재는 단지 그 모든 것을 흘려보내고만 있습니다. AI 시대에서는 단순한 기술 플랫폼 제공자가 아니라, '사고'를 읽어내는 기업이 되어야 합니다.

　KT는 우선 본인의 강점을 파악해야 합니다. KT는 통신 기술의

　　　　　　　　　　　　　　　AI × 인간지능의 시대

선두주자로서 빅데이터, 클라우드 컴퓨팅, 사물인터넷IoT, AI 분야에서도 강력한 기술력을 보유하고 있습니다. 이러한 기술적 배경은 KT가 다양한 산업에서 '사고'를 읽어낼 수 있는 플랫폼과 서비스를 제공하는 데 중요한 역할을 할 수 있습니다.

KT는 현재 방대한 데이터와 AI 기술을 보유하고 있습니다. 이를 적절히 활용하면, 다양한 산업 분야에서 보다 정확하고 신속한 의사결정을 지원할 수 있습니다. KT가 통신 사업자이지만, 통신이 아닌 다른 영역의 모든 사업자를 대상으로 기업 경쟁력 강화, 효율성 증대를 위한 지식 서비스를 제공하는 접근입니다.

마지막으로 KT가 인공지능 기술을 활용하여 교육, 환경, 공공 안전 등의 분야에서 사회적 가치를 창출하는 서비스를 제공한다면, 기업의 사회적 책임CSR을 실현하고 지속 가능한 발전에 기여할 수 있습니다.

물론 까딱 잘못하면 『1984』의 '빅브라더big brother'가 될 가능성이 있으므로 관련법을 철저히 파악하고, 법률적 리스크를 예방하고 통제할 수 있는 시스템에 관한 투자도 늘려야 할 것입니다.

CJ제일제당 :
세계인의 입맛을 사로잡다

　'한정 수량 2,000개 물품이 8분 만에 완판!'이 같은 문구를 보면 아주 유명한 브랜드 제품이라고 생각할 것입니다. 실제로도 유명한 브랜드 제품이 맞긴 합니다. 그 물품이 CJ제일제당의 비비고 만두 연구원들이 약 4주에 걸쳐 MBC '놀면 뭐하니' 팀과 힘을 합쳐서 복원한 '할머니 손만두'라는 것이 조금 특이하다면 특이하지만요.

　CJ제일제당의 비비고 브랜드는 아주 다양한 종류의 즉석식품을 만들어 판매하는데 워낙 다양해서 전부 설명하기엔 입이 아플 지경입니다. 그리고 그중 제일 많이 팔리는 것을 꼽는다면 바로 '만두'입니다. 비비고에서 나오는 만두는 그 종류도 다양하고 맛도 좋아서 미국 만두 시장에서 1위를 차지할 정도입니다. 그런데 한 가지 특이한 점이 비비고 만두는 공장에서 대량생산하는 즉석식품이라 식재료가 전부 표준화되었는데도 조리법은 사람마다 나라마다 조금씩 다르다는 점입니다.

출처 : CJ

저도 비비고 만두를 참 좋아하는데, 찌거나 굽거나 국에 넣어먹는 정도입니다. 그런데 나라별로 비비고를 먹는 방법을 보면 정말로 다양합니다. 프랑스에서는 치즈와 허브를 곁들여 '만두 크로켓'으로 먹는 이들이 있습니다. 미국에서는 비비고 만두를 오븐에 구워서, 바베큐 소스, 케첩, 머스타드 등 다양한 소스를 곁들이거나, 샐러드와 함께 즐기기도 합니다. 이탈리아에서는 비비고 만두를 토마토 소스와 치즈를 얹어 오븐에 구워 '만두 라자냐'처럼 즐깁니다.

이처럼 사람마다, 나라마다 특화된 조리법을 AI로 제시한다면 어떨까요? 다양한 나라의 수많은 음식을 놓고 이미지, 향, 맛, 성분 등을 데이터화하는 것입니다. 지금은 비비고를 개발하는 이들이나 다른 레시피로 즐기는 이들이나 정량적 데이터보다는 각자가 가진 오감, 취향, 직관, 경험을 바탕으로 음식을 만들고 즐깁니다.

CJ가 방대한 데이터를 확보하고 이를 AI가 학습한다면 어떤 일이 벌어질까요? 새로 출시할 만두가 있다고 가정합시다. AI는 기존 데이터를 바탕으로 이 만두가 지역별, 문화별로 어떤 반응을 보일지, 어떤 형태의 새로운 조리법이 등장할지 미리 예측할 수 있습니다. CJ에서 생산하지 않는 새로운 제품을 개발한다고 가정합시다. 지역별, 문화별로 사람들이 즐기는 음식을 분석하고 재해석해서 CJ만의 상품으로 개발하는 과정에도 AI가 큰 역할을 할 수 있습니다.

CJ의 다양한 제품을 놓고 AI와 팝업스토어를 결합해서 환상적인 경험을 제공할 수도 있습니다. 2023년 11월부터 여의도 콘래드 호텔에서는 '르 쁘띠 셰프' 프로모션이 진행되고 있습니다. 58mm의 작은 셰프가 테이블 위에 등장해서 요리를 하는 모습을 보여주는 파인다이닝 이벤트입니다. 파인다이닝으로 제공되는 메뉴의 순서에 맞춰서 테이블의 배경, 요리사의 행동, 이야기가 계속 달라집니다. 여기에도 AI 접목이 가능합니다.

'르 쁘띠 셰프'는 현재 모든 고객에게 동일한 경험을 만들어주는 형태입니다. 그런데 AI를 접목하면 팝업스토어에 방문한 고객의 특성을 분석해서 개인에 특화된 경험을 제공할 수 있습니다. 공장에서 나온 유니크하지 않은 음식이 아니라, 나만을 위한 유니크한 음식으로 만나게 해주는 겁니다. 물론 이런 팝업스토어 형태로 수많은 고객을 만나기는 어렵겠으나 이 같은 접근방식이 대중들에게 알려지는 것만으로도 의미가 있으리라 봅니다.

지속가능성 이슈에도 AI를 활용할 수 있습니다. 지속가능성은 오늘날 식품 산업의 중대한 화두 중 하나로 자리 잡았습니다. 인구 증가,

기후 변화, 자원 고갈 등의 글로벌 이슈가 겹치면서, 식품 생산부터 소비에 이르기까지 전 과정에서 환경적, 사회적, 경제적 측면을 고려한 지속가능한 경영의 필요성이 점점 더 강조되고 있습니다. 이런 상황에서 CJ제일제당이 원재료 확보부터 제조, 유통에 이르는 전 과정의 지속가능성 이슈에 관해 AI로 모니터링하고 관리해보면 어떨까요?

식품 산업에서 지속가능성 문제는 다양한 형태로 나타납니다. 예를 들어, 과도한 물 사용, 온실가스 배출, 농약 및 화학 비료의 사용, 식량 낭비 등이 중요한 환경적 이슈입니다. AI를 활용하면, 제조 과정에서 에너지 효율을 개선하고, 유통 과정에서는 제품의 신선도를 유지하며 낭비를 최소화하는 최적의 경로를 계획할 수 있습니다.

AI를 활용해 식품 산업의 지속가능성을 높이는 접근은 자원의 효율적 사용, 비용 절감, 환경에 미치는 영향 감소 등의 효과를 얻을 수 있습니다. 또한, 기업의 이미지를 개선하고, 소비자들의 신뢰를 얻는 데에도 도움이 됩니다.

현대자동차 :
이동의 경험을 송두리째 바꾸다

　'자율주행 자동차'라는 주제가 나오면 많은 사람이 '만약 자율주행 자동차가 사고를 일으키면 어떻게 하지?'에만 집중하는 경향이 있습니다. 또는 '아무리 자율주행 자동차라고 해도 운전면허를 딴 사람에게만 팔아야 하는 거 아냐?'라거나 '그런 자동차가 나오려면 10년 이상 걸리겠지.'라고 회의적인 생각을 하는 사람도 있습니다. 하지만 우리는 여기서 한 가지 생각해볼 것이 있습니다. 바로 2016년에 알파고가 이세돌을 이기고, 2022년에 챗GPT 베타버전이 나왔다는 것입니다.

　바둑에서 인간을 이기는 AI가 나오고 고작 6년 만에 전 세계 대학교에서 '챗GPT를 사용해서 과제를 하지 마세요.'라거나 '챗GPT를 사용해서 시험을 보지 마세요.'라는 경고를 하게 됐습니다. 물론, AI가 컴퓨터, 스마트폰 속에서 정보를 처리하는 것과 실제 물리적 세상에서 자동차를 움직이는 것에는 복잡성, 고려할 변수, 상황의 다양성 등에서 차이가 적지 않습니다. 그러나 이 모든 것들도 결과적으로 보면 데이터 획득과 학습의 이슈입니다.

2024년 2월, 챗GPT 개발사인 오픈AI는 동영상을 생성해주는 플랫폼인 소라Sora를 공개했습니다. 영상업계, 물리학계 등에서 소라가 세상의 물리적 특징을 이해했다 또는 진정한 이해는 아니더라도 인간이 이해한 것과 유사한 형태로 작동한다는 점에 경악했습니다.

"한 세련된 여성이 따뜻하게 빛나는 네온과 생동감 넘치는 도시 간판으로 가득한 도쿄 거리를 걷고 있습니다. 그녀는 검은색 가죽 재킷, 긴 빨간색 드레스, 검은색 부츠를 입고 검은색 지갑을 들고 있습니다. 선글라스를 쓰고, 빨간 립스틱을 바르고 있습니다. 그녀는 자신감 있고 자연스럽게 걷습니다. 길은 축축하고 반사되어 화려한 조명이 거울 효과를 만들어 냅니다. 많은 보행자가 걸어갑니다."

여러분은 이 글을 읽고 머릿속에 어떤 장면을 떠올렸나요? 이 글을 제시하자 소라가 만들어낸 영상은 제가 머릿속에서 상상했던 모습, 거의 그대로였습니다. 신기한 것은 물리적인 움직임, 그에 따라 변하는 주변 상황까지 정밀하게 보여준다는 점입니다. 일례로, 영상 후반부에 가면 여성의 선글라스에 주변 거리가 비춰지는 장면이 나오는데, 실제 공간의 특성, 볼록한 선글라스 렌즈에 거리 모습이 왜곡되어 비춰지는 모습까지 그대로 보여주고 있습니다.

이런 상황에서 자율주행차가 우리 곁에 다가오는 게 세상의 복잡성 때문에 불가능하다고 보기는 어렵다고 생각합니다. 자율주행은 그저 1차적 목표로 봐야 합니다. 중요한 것은 그렇게 혼자서 움직이는 차 안에서 승객이 어떤 경험을 하는가입니다.

자동차의 진화는 단순히 이동 수단을 넘어서 인간의 삶의 질을 향상시키는 방향으로 나아가고 있습니다. 특히 자율주행차의 등장은 이 이동 공간을 더욱 특별하고 개인화된 경험의 장으로 변모시킬 것입니다. 서울에서 부산까지 자율주행차로 이동한다고 가정해봅시다. 이 여정에서 자동차는 단순히 목적지까지 우리를 이동시키는 기계가 아니라, 우리의 감정과 욕구를 이해하고 그에 따라 반응할 수 있는 동반자가 되어야 합니다. 이동하는 다섯 시간은 그저 적절하게 때워서 빨리 지나가게 해야 하는 지루한 기다림이 아니라, 새롭고 독립적인 경험의 여정이어야 합니다.

우리는 이동 중에도 소통하고 상호작용할 무언가를 찾습니다. 혼자인 차 안에서 그 대상은 바로 자동차, 정확히는 차내의 AI가 되어야 합니다. 이 AI는 단순히 목적지까지의 경로를 안내하는 것을 넘어서서 여행 동안의 경험을 설계하고 제공하며 평가하고 개선하는 역할을 해야 합니다. 이는 마치 디자이너, 공급자, 모니터, 마케터의 역할을 동시에 수행하는 것과 같습니다.

여행 중의 다섯 시간 동안 AI는 다양한 활동을 제안하고 조정할 수 있어야 합니다. 예를 들어, 승객이 넷플릭스에서 영화를 한 편 보고 싶어 한다면 AI는 그에 맞는 영화를 추천할 수 있습니다. 만약 승객이 잠에서 깨어나 유튜브를 기웃거린다면 AI는 최근에 관심을 보인 주제나 채널을 기반으로 콘텐트를 제안할 수 있습니다. 하지만 이러한 단편적인 경험은 이동하는 공간의 잠재력을 제대로 활용하지 못 하는 것입니다. 자동차는 승객의 특성, 주변 환경, 시기 및 상황을 고려하여, 이동 중의 경험을 풍부하게 재구성해야 합니다. 앞뒤 경험이 맥락적으로 연결되게 빈틈을 채워줘야 합니다.

이 과정에서 자동차는 다양한 수익 창출 포인트를 연결할 수 있습니다. 디지털 콘텐트 판매, 교육 서비스 제공, 물리적 재화 구매, 심

출처 : 현대자동차 홈페이지

리 및 진로 상담 등이 그 예입니다. 미래의 자동차는 단순히 시간을 보내는 공간이 아니라, 나만의 독립된 공간에서 멋진 경험을 즐기는 곳이 되어야 합니다. 이는 자동차가 개인마다 특화된 경험을 제공하는 경험의 플랫폼으로 진화해야 함을 의미합니다.

자동차를 판매하고, 금융 상품으로 수익을 내며, 차량 유지보수를 통해 추가 수익을 창출하는 전통적인 비즈니스 모델에 머물러서는 안 됩니다. 더 중요한 것은 고객의 삶과 더 깊고 넓게 연결되면서, 경험의 동반자로서 가치를 공유하는 기업이 되는 것입니다. 이동하는 동안에도 우리는 단지 목적지에 도달하기 위해 시간을 보내는 것이 아니라, 삶의 질을 향상시킬 수 있는 경험을 추구해야 합니다. 자율주행차의 미래는 바로 이러한 비전에 달려있습니다.

하이브 :
모든 인간을 별로 만들다

예술 분야는 불확실성이 강한 분야이다 보니 감히 발도 들이지 못 하는 사람이 많습니다. 하지만 예술 분야에 대한 열정이 넘치는 사람은 '창작자가 안 된다면 팬이라도' 되려고 하는 경우가 있습니다. 또는 '내가 잘하고 못하고를 떠나서 덕질이 취향'인 팬도 있습니다. 그러다 보니 예술가가 되는 경우는 적은데, 팬은 엄청나게 많습니다. 소수의 예술가가 예술계를 이끌어가고 팬은 그저 뒷바라지를 하는 신세였습니다.

하지만 이제 모든 인간은 별이 될 수 있습니다. 아티스트는 별이고, 팬은 별바라기에 지나지 않았다면 이제 AI를 통해 모든 팬이 스스로 빛을 발할 수 있습니다.

AI로 팬의 일상이나 취향 등을 분석해서 개별 팬에게 맞는 음악이나 콘텐츠를 큐레이션할 수도 있습니다. 그러면 모든 팬은 각자에게 맞는 공연장, 각자에게 맞는 콘텐츠 큐레이터를 보유하는 셈이 됩니다.

혼자 사는 직장인이 있다고 가정해봅시다. 이 직장인은 아침에 일어나서 씻고, 버스를 타고 출근해서, 야근을 하다가 퇴근합니다. 현재는 스스로 설정한 플레이 리스트를 반복해서 듣지만, AI를 활용하면 개인의 기본 특성, 그날의 동선, 시간대별 감정 등을 분석하여 철학, 취향 등을 반영해 음악을 제공하는 것도 가능합니다.

또한, 언어가 포함된 창작물은 해당 국가의 언어를 알거나 누군가가 번역해주지 않으면 온전히 즐기기가 어렵습니다. 특히 소설은 번역본을 내고, 영화는 자막을 달 수 있지만, 노래는 아닙니다. 아티스트가 전 세계 언어를 익혀서 노래를 부르는 것은 불가능하기 때문입니다. 그러나 AI를 활용하면 이 같은 문제를 해결할 수 있습니다. AI로 노래를 분석해서 해당 국가의 언어로 치환하면 아티스트는 하나의 언어로 노래를 불렀지만, 전 세계 언어 버전 노래를 제공할 수도 있습니다.

현재 하이브는 '위버스'라는 서비스를 제공하고 있는데요. 이는 팬 커뮤니티 플랫폼입니다. 위버스에서는 여러 가지 서비스를 제공하고 있는데 그중 하나가 '15개 언어 자동 번역 서비스'입니다. 아직 전 세계 모든 언어 번역은 불가능하지만, 그래도 15개 언어 중 하나의 언어만 사용할 수 있어도 자신이 좋아하는 아티스트와 소통할 수 있게 되었습니다. 이는 예술계가 더 넓은 세상으로 나아가기 위한 작고도 중요한 한 걸음이라고 할 수 있습니다.

아티스트와 팬들이 소통하는 위버스가 단순한 소통이 아닌, 공동 창작의 플랫폼이 될 수도 있습니다. AI를 활용해서 아티스트가 팬들의 반응을 보다 넓고 깊게 이해하여 새로운 작품을 창작하는 목적으로 쓸 수 있습니다. 다음 단계로 넘어가면, 팬들이 좀 더 주도적으로 창작에 참여할 수 있습니다. 자신만의 음악적 감성이나 경험을 바탕으로 AI의 도움을 받아서 자신만의 창작활동을 즐겨보는 것입니다. 예를 들어, BTS의 음악을 사랑하는 팬이라면, BTS의 노래, 멤버들의 성향까지 모두 학습한 AI 작곡 도우미와 함께, 자신의 일상을 BTS 감성의 노래로 만들어보는 겁니다. 그런 작곡 과정만으로도 행복할 것이며, 그런 노래를 지인들과 함께 공유할 수도 있습니다.

물론, 이러한 변화는 저작권과 윤리적 문제와 같은 새로운 이슈를 수반합니다. AI를 통한 창작 활동에서 발생하는 저작권 문제, 창작물의 원작자 인식, AI 창작물의 윤리적 사용 등도 하나하나 풀어가야 할 중요한 과제입니다. 이러한 문제들을 해결하는 과정에서, 우리는 더욱 성숙하고 지속 가능한 창작 생태계를 구축할 수 있을 것입니다.

지금까지 '예술계는 99%의 팬과 1%의 아티스트로 이루어져 있는 세상'이었습니다. 하지만 AI의 발전이 이 도식을 깨고 모두가 함께 별이 되는 세상을 만들지도 모르겠습니다.

SBS :
넷플릭스, 유튜브를 넘어서다

1991년에 SBS TV가 개국한 이후 33년이 흘렀습니다. 그동안 SBS 채널에서 방영된 콘텐트는 몇 편이나 될까요?

오전 5시부터 다음날 새벽 1시까지 계속해서 드라마, 광고, 뉴스 등등을 내보낸다고 가정하면 하루 20시간이 됩니다. 하루 20시간이 365일을 이어지면 1년에만 7,300시간이 됩니다. 그리고 거기에 33년을 곱하면 한 사람이 죽을 때까지 봐도 다 못 볼지도 모를 만큼 엄청난 양의 콘텐트가 방송되었다고 상상할 수 있습니다.

이 정도로 SBS는 콘텐트를 누적해온 역사가 굉장히 긴 편입니다. 하지만 현재 문화적 국경은 허물어졌고, 해외 OTT는 계속해서 발전하고 있습니다.

SBS는 이제 단지 국내 방송사하고만 경쟁한다고 생각하면 안 됩니다. 심지어 SBS는 국내 방송사와의 경쟁에서도 크게 밀리는 모습을 보여줍니다.

　AI × 인간지능의 시대

2022년에 '방송통신위원회'에서 발표한 '방송사업자 시청점유율 산정결과'를 보면 지상파의 경우 KBS가 22.3%, MBC가 10.5%, SBS가 7.8%의 시청점유율을 기록하였습니다. 이 같은 상황을 타파하기 위해서는 큰 변화가 필요합니다. 그리고 그 변화의 중심 기술은 AI입니다.

요즘은 유튜브, 틱톡 등의 동영상 사이트나 넷플릭스, 티빙 같은 스트리밍 사이트가 인기입니다. 어느 쪽도 역사가 짧아서 아직까지는 '어렸을 때부터 보고 자란 콘텐트 플랫폼'이라고 할 수 없습니다. SBS가 그에 맞서 내세울 수 있는 강점은 '어린 시절의 향수'입니다. 하지만 드라마는 기본적으로 몇십 화씩 방영하기에 단순히 예전 그대로의 포맷으로 방영하는 것은 비효율적입니다. 그러므로 AI를 활용하여 몇십 화 분량의 드라마를 2시간 분량의 영화로 바꾸거나, 1회를 5분 이하의 쇼츠 영상으로 만들어서 공개하는 것입니다.

반대로 해외 동영상 플랫폼을 활용할 수도 있습니다.

예를 들어, 드라마, 예능, 뉴스 등을 AI로 음성과 입모양까지 다국어로 만들어서 유튜브를 통해 공개한다면 어떨까요? 전체 공개 콘텐트와 부분 공개 콘텐트를 나누어 업로드하면 해외 시청자 대상 홍보 목적으로도 활용할 수 있습니다.

또한, 콘텐트 제작에 AI를 활용하는 것도 좋습니다.

예를 들어, 복잡한 배경은 AI로 만들 수 있습니다. 만약 2,000명이 모여 응원하는 장면이 필요하다면 어떻게 해야 할까요? 지금까지는 사람을 직접 모아 찍어야 했습니다. CG가 발달한 이후로는 2,000명 전부를 모을 필요는 없었지만, 그래도 사람을 어느 정도 모아 찍은 뒤 합성해야 했습니다. 그로 인한 비용과 시간 소비가 어마어마했는데요. 이제는 AI로 합성할 수 있게 됐습니다. 앞서 설명했던 오픈AI의 소라같은 것들이 앞으로 더 많이 등장할 것이기 때문입니다.

시청자 성향을 AI로 분석해서 콘텐트를 만드는 것도 가능합니다. 지금까지는 방송국의 콘텐트 제작 방향이나 전략 수립에 일부 고위 관료나 PD의 주관적 성향 및 의도가 크게 반영되었습니다. 하지만 이 같은 결정에 AI를 전폭적으로 도입한다면 시청자의 성향에 맞는 콘텐트를 제작하는 것이 가능해집니다.

물론, 방송 콘텐트를 예술 창작의 영역이라고 놓고 볼 때, 대량의 데이터보다는 소수 전문가의 직관이나 견해가 더 중요하다고 생각할 수도 있습니다. 그러나 소수 전문가가 아닌 다수 전문가의 견해까지 AI가 학습한다는 점에서, 이제는 의사결정에 AI를 적극 활용할 때입니다.

AI는 시청자가 방송 제작에 참여하게 유도할 수도 있습니다. 지금도 상당수 시청자가 드라마나 예능의 한 장면을 모아 일명 '짤'을 만드는 경우가 있습니다. 그리고 짤을 모아서 새로운 이야기나 밈을 만들어내기도 합니다.

지금은 이런 작업이 시청자의 개인적 노력과 창의성으로만 이루어지고 있습니다. 하지만 이를 방송국이 플랫폼화시켜준다면 어떻게 될까요?

현재 틱톡을 사용하는 사람이 많이 쓰는 '캡컷CapCut'은 필요한 장면을 AI가 만들어줍니다. 이런 식으로 SBS만의 콘텐트 창작 플랫폼을 AI를 적용하여 제공하는 것입니다.

예를 들어, SBS 드라마 10개의 주요 장면을 공개하고 시청자가 이 장면을 적절하게 조합해서 새로운 이야기를 만들 수 있게 하는 것입니다. 지금도 여러 방송국에서 타 방송국의 콘텐트 중 일부 장면을 자료 화면으로 가져다 쓰는 경우가 있는데요. 이를 개인도 할 수 있게 하는 것입니다.

AI는 저작권 관리에도 유용합니다. 플랫폼이 계속해서 늘어나고 있는 상황이다 보니 정말 여기저기에 온갖 자료가 다 올라옵니다. 이제 인력만으로는 저작권 위배 자료를 전부 찾아내는 것이 불가능하게 되었습니다.

그러므로 여기에 AI를 활용하여 영상, 오디오, 텍스트 자료를 분석하여 SBS의 저작권을 침해하는 것이 있는지 찾아내고 판단하여 대응한다면 훨씬 효율적입니다.

한국대학교 :
재학생 1억 명인 대학과 맞붙다!

　한국대학교를 아시나요? 드라마에서 가공의 대학교를 지칭할 때 자주 쓰이는 이름입니다. 우리나라 거점국립대학교들이 모여서, 경쟁력 강화를 위해 한국대학교라는 브랜드 하나로 뭉치자는 얘기도 몇 번 거론된 적이 있고요. 여기서는 그저 우리나라의 모든 대학교를 통칭하고자 한국대학교라고 써봤습니다.

　대학, 성인 교육 시장을 겨누고 활약하는 MOOC 플랫폼이 여럿 있습니다. MOOC는 간단히 말하면, 인터넷을 기반으로 다양한 주제의 교육 콘텐츠를 무료 또는 저가로 불특정 다수에게 제공하는 플랫폼을 뜻합니다.

　흔히, 세계 3대 MOOC로 코세라, 에드X, 유데미 정도를 거론합니다. 코세라 강좌를 수강하는 한국인은 이미 70만 명이 넘는다고 알려져 있습니다. 코세라가 강좌에 자동번역 서비스를 넣겠다고 발표했습니다. 지금도 하나의 강좌를 여러 나라 언어의 자막을 올려서 볼 수 있으나, AI 관련 투자를 확대해서 그 질을 획기적으로 높인다는 선언입니다. 장기적으로는 음성, 입모양까지 AI로 바꿔준다는 계획입니다. MIT 교수가 영어로 게임이론 수업을 하는데, 마치 한국인 교수가 수업하듯이 우리나라 말로 들리고, 입모양도 맞춰준다는 계획이죠. 저 또한 코세라 강좌를 가끔 듣는 입장이어서, 수강생 입장에서는 참 반가운 소식입니다.

그런데 코세라의 이런 전략은 사실 그리 새롭지도 않습니다. 아마존, 넷플릭스, 테뮤 등 세계시장에서 활약하는 콘텐트 기업이나 커머스 기업의 전략을 살펴보면, 본질은 코세라와 비슷합니다. 모든 제품, 서비스, 콘텐트에서 벽을 무너뜨리는 접근이지요. 코세라의 접근을 보면, 교육에서도 국가, 언어, 제도의 벽이 붕괴되는 상황입니다.

코세라가 팔을 걷어붙였으니, 에드X, 유데미 등도 더욱더 벽 허물기에 박차를 가할 듯합니다. 이렇게 벽이 무너지는 상황에서 OO 대학의 수업, OO대학의 교수라는 타이틀이 교육 콘텐트나 서비스의 품질, 지속성을 보장해주기는 점점 더 어려워지리라 예상합니다.

물론 이제껏 대학은 교육과정을 중심으로 졸업생에 관해 일정 수준의 성취도를 사회적으로 보장해주는 역할을 해왔습니다. 그러나 이런 역할이나 기능이 언제까지 이어질까요? 대학의 이름, 사회적 후광이 언제까지, 어느 수준으로 이어질지 장담하기 어렵습니다.

사회가 개인의 학습, 성취 경로를 세세하게 추적하고, 정밀하게 측정, 분석하는 방향으로 진화하기 때문입니다. 필자가 협업해온 모 IT 기업을 보니 좀 독특한 상황이 관찰됐습니다. 과거에는 주로 명문대 졸업생 위주로 신입 사원을 뽑았는데, 어느 순간부터 상대적으로 인지도가 매우 낮은 대학의 졸업생도 회사에 들어오기 시작했습니다. 이런 변화의 이유는 단순합니다. 예전에는 누가 얼마나 잘하는지 판단이 어려워서 대학과 학과 타이틀을 높은 비중으로 살펴봤지요. 그런데 기존 직원의 업무 데이터가 쌓이고, 신입 사원이 몇 달의 인턴 기간 중 보여주는 성과에 대해서도 데이터에 기반해서 AI로 정밀하게 분석하기 시작했습니다. 사회적 후광이 아니라, 기업의 눈으로 직접 판단한 데이터를 믿기 시작한 셈이죠.

코세라 한국인 가입자가 70만 명이라고 했습니다. 제가 근무하는 경희대 재학생 수의 대략 20배 정도 되는 수치이네요. 코세라의 전 세계 가입자를 보면 1억 명을 돌파했습니다.

필자의 본 직업이 교수이다 보니, 이런 상황이 그리 가볍게 보이지 않습니다. 연구자, 교육자 입장에서는 그저 내 본질, 내 콘텐츠를 가지고 넓고도 혹독한 세상과 '쌩으로' 마주해야 하는 상황이 되어가

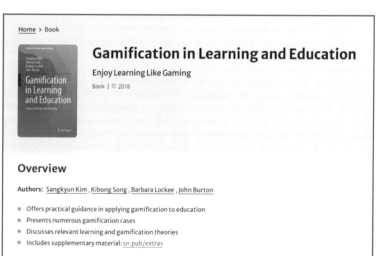

출처 : 스프링거

기 때문입니다. 교수와 대학 모두 전 세계 학생을 놓고, 전 세계 모든 대학, 심지어 인가된 대학이 아닌 MOOC 플랫폼들과도 달리기를 해야 하는 상황입니다.

저는 2018년에 '스프링거'라는 해외 출판사를 통해 전공 교재를 영어로 출판해봤습니다. 국내에서 수업하던 교재에 일부 내용을 보완해서 냈던 교재입니다. 출판을 결정하고, 준비하고, 책이 나온 후까지 계속 마음을 졸였습니다. 글로벌 시장에서 세계인으로부터 악플을 받으면 어쩌나 또는 그저 무시를 당하면 어쩌나 걱정했습니다. 그런데 얼마 전 스프링거 홈페이지에 들어가 보니, 제 책을 읽은 독자가 온라인 버전만 8만 2천 명으로 집계되었습니다. 이 책은 게이미피케이션 이론을 다룬 책인데, 국내에서는 관련 분야를 연구하거나 관심 있는 이들이 아무리 크게 잡아도 수천 명 이내입니다.

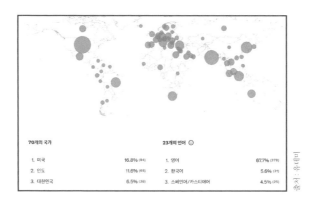

비슷한 시기에 유데미 MOOC에 게이미피케이션 강좌도 올렸습니다. 그때도 책을 낼 때와 비슷한 걱정을 했습니다. 다행히도 여러 나라에서 수천 명이 제 강좌를 들었습니다. 제가 올해로 교수 생활이

18년 차인데 이제껏 대학에서 수업하면서 만났던 학생들의 전체 숫자보다 더 많은 이들이 유데미에서 제 강좌를 들었습니다.

책을 읽은 독자, 강좌를 시청한 이들이 참으로 다양한 피드백과 여러 질문을 보내옵니다. 상처받고, 미안하고, 당황하고, 기쁘고 다양한 감정이 듭니다. 그래도 늘 좋은 점은 그런 피드백이나 질문이 제 성장에 정말로 소중한 밑거름이 된다는 점입니다.

많은 이들이 외치던 '세계화'에 한발을 디뎌본 저는 세계 무대의 크기, 무게, 가치를 온몸으로 느꼈습니다. 솔직히 걱정되고, 확신이 서지 않습니다. AI가 벽을 허무는 시대, 눈앞에 닥친 세계화 시대를 한국대학교가 잘 준비하고 있는가에 대해서 그렇습니다.

한국대학교는 AI를 통해 더 넓은 세상과 마주해야 합니다.

첫째, 교육 대상의 연령 기준을 넘어서야 합니다. 20대 대학생, 대학원생이 아니라 80대 학생까지도 배울 수 있는 콘텐트와 교육방법을 제공해야 합니다.

둘째, 기업까지 품에 안아야 합니다. 지금도 국내 대학은 기업체 구성원 교육 프로그램을 제공하고 있습니다. 그러나 그 규모, 기업에서 평가하는 만족도 면에서는 개선할 점이 너무 많습니다.

셋째, 국내가 아닌 해외 교육 시장을 바라봐야 합니다. 단기적으로는 한국 문화, 기술에 좀 더 호의적인 아시아 시장을 중심으로 판을 키워야 합니다. 해외 유학생을 유치하자는 얘기가 아닙니다. 우리 콘텐트로 아시아의 학생, 앞서 언급한 80대 외국인까지 배울만한 콘텐트를 제공해야 합니다.

이런 것들을 실현하려면 한국대학교는 무엇을 바꿔야 할까요? 저는 그 답을 한국대학교가 이미 알고 있다고 생각합니다. 다만, 그 답을 현실로 옮길지 말지의 문제입니다. 그리고 그 선택에 한국대학교의 미래가 달려있습니다.

1만 명의 질문 :
질문을 보면 미래가 보인다

움직이지 않는 점

    수학에는 '부동점' 또는 '고정점'이라 불리는 개념이 존재합니다. 단어 그대로를 풀이하면 '움직이지 않는 점'인데요. 간단히 말하자면 '그 어떤 변화가 있어도 결코 움직이지 않는 점'을 뜻합니다. 정말 갖가지 변화가 일어나도 태풍의 눈처럼 절대 변화하지 않는 부분을 의미합니다. 이 개념은 수학뿐만 아니라 경제나 물리, 공학, 금융 등에서도 활용됩니다.

    AI 기술이 발전함에 따라 많은 사람이 다양한 종류의 의문을 품고, 다양한 두려움을 느끼고 있습니다.

    'AI는 막상 써보면 쓸모없지 않나요?', '전 이과 지식이 없는데 AI를 쓸 수 있나요?', 'AI는 거짓말을 많이 한다는데 그러면 쓰면 안 되는 거 아닌가요?', 'AI는 비싸지 않나요?' 등등. 다양한 질문이 수없이 많은 사람의 입에 오르내립니다. 그리고 그 기반에는 한 가지 큰 의문이자 거대한 두려움이 깔려 있습니다.

'AI가 발전하면 발전할수록 인간은 쓸모없어지는 게 아닌가요?'

분명 AI가 발전함에 따라 사회는 끊임없이 변화합니다. 그 변화에 휩쓸리는 사람도 존재하고, 좋지 않은 일을 겪는 사람도 존재합니다. 하지만 한 가지 결코 흔들리지 않는 사실이 있습니다. 인간은 AI를 위해 존재하지 않으며 AI가 인간을 위해 존재한다는 점입니다. AI로 인해 세상이 변화해도, 정말 아무리 변화해도 인간 자체의 가치는 사라지지 않을 것입니다.

막상 써보면,
별로 쓸모없지 않나요?

두 사람이 있습니다. 한 명은 운전면허는 땄지만 딱히 드라이브를 할 마음이 없고 운전하기가 겁이 나서 '장롱면허'가 된 사람입니다.

다른 한 명은 운전면허를 따고 차를 운전해 여기저기 마음대로 편하게 돌아다니는 사람입니다.

장롱면허인 사람은 드라이브를 즐기는 사람을 이해하지 못합니다. 그냥 지하철, 버스만 타고 다녀도 충분하다고 생각합니다. 하루는 장롱면허인 사람이 드라이브를 즐기는 사람에게 묻습니다.

"운전을 꼭 해야 해? 면허증 필요 없지 않냐?"

인간은 '도구를 사용하는 동물'이라고 하는데, 이는 '모든 도구를 사용한다.'라는 의미가 아닙니다. '자신이 하려는 일에 도움이 되는 도구를 사용하는 동물'이 인간입니다. 즉, 도구 자체가 어떤 기능을 하는지는 크게 중요하지 않습니다. 그 기능을 통해 내가 무엇을 할지를 정하는 게 더욱더 중요합니다.

자동차는 '목적지로 가기 위해 사용하는 교통수단'입니다. 내가 운전하는 법을 배웠어도 내가 가고자 하는 목적지가 없다면, 자동차는 무의미한 도구입니다.

'도구를 활용하기 위한 방법'은 언제든 마음만 먹으면 배울 수 있습니다. 하지만 '도구를 무엇에, 왜, 어떻게 활용할지'는 결국 스스로 알아내야 합니다. 저는 여러 국내 기업에서 임직원을 위해 오픈한 AI 교육 프로그램을 살펴봤습니다. 대부분 최신 AI 도구의 기능을 다루는 방법을 알려줍니다. 'A 사이트에 들어가서 어떻게 가입하고, 무엇을 누르고, 이것저것을 입력하면, 이렇게 그림이 뚝딱하고 나온다. B 사이트에 들어가서 가입하지 않고, 무료로, 이것저것을 입력하면, 카페에서 들릴만한 배경음악이 나온다. C 사이트에 들어가서 업무용 이메일 초안을 잡아주면, 격식이 있게 내용을 바꿔준다.' 이런 식입니다.

이런 교육을 받은 이들 중 상당수는 이렇게 반응합니다. '그림, 음악 만드는 게 재밌기는 했지만, 내가 업무 중 그런 것을 만들 필요는 없는데요.', '굳이 AI에게 도움을 받아서 이메일을 쓸 필요는 없는데요. 그냥 내가 써도 되는데요.'

AI 도구 사용법을 배우는 게 나쁘지는 않습니다. 기본 사용법을 알아야 뭐라도 해볼 수 있으니까요. 그러나 AI 도구는 빠른 속도로 업데이트 되고, 새로운 도구는 꾸준히 등장하고 있습니다. 그때마다 도구의 기능만 익히면 될까요?

몇 가지 도구의 기능을 살펴봤다면, 여러분이 해야 할 것은 그 도구로 내 삶, 배움, 업무를 어떻게 바꿀지를 고민하는 것입니다. 그런 고민을 뒤로 밀어두면 어느 순간 장롱면허를 가진 이가 돼버립니다.

저는 기업 컨설팅을 하거나 대학원에서 학생들을 지도할 때, 도구 활용법에 관해서는 별로 설명하지 않습니다. AI 도구를 사용하는 목표나 목적을 찾는 데 오랜 시간을 씁니다. 얼핏 보면 단순한 작업 같지만, 참가자 대부분이 처음에는 꽤 낯설어합니다. 이제까지 우리는 내 머리를 가지고, 몇 개의 일반적 소프트웨어 도구를 통해 일을 해왔습니다. 그런데 이제는 내 머리를 확장할 수 있는 도구가 생겨서, 그 도구로 내 머리를 어떻게 확장할지, 그동안 못했던 무엇을 해봐야 할지를 결정해야 하기 때문입니다.

중요한 것은 사고의 틀을 바꾸는 것입니다. 자신이 궁극적으로 하려는 것이 무엇인지를 찾아야 합니다. AI는 결국 자신의 목표나 목적을 위한 수단이기 때문입니다. 그 목표나 목적이 불분명한 상태로 AI 사용법만 배우는 것은 무의미한 일입니다. 그리고 목표나 목적을 찾기 위한 방법이 바로 PART 2에서 소개한 GEM과 STAR입니다.

이과 지식이 없는데,
AI를 쓸 수 있나요?

청소기로 청소를 하고 있는 사람이 있습니다.

열심히 청소를 하는데, 한 명이 다가와서 물어봅니다.

"청소기 만드는 법을 알고 계세요?"

청소를 하던 사람이 대답했습니다.

"아니요, 모르는데요."

그러자 청소기 만드는 법을 물어본 사람이 놀란 표정으로 말합니다.

"청소기 만드는 법도 모르는데 청소기를 쓰는 법은 알아요?"

AI는 고등수학을 바탕으로 개발된 기술입니다. 따라서 AI를 개발할 것이라면 수학을 잘해야 합니다. 바꿔 말하면 'AI를 개발할 생각이 아니라면 이과 지식이 없어도 AI를 얼마든지 사용할 수 있습니다.'

분명 생성형 AI의 작동원리를 기본적으로 이해하고 있다면, 도구를 쓸 때 'AI가 왜 그렇게 반응하는지', '다른 반응을 유도하려면 어떻게 해야 하는지', '사용시 무엇을 주의해야 하는지' 등을 생각하는 데 도움이 되기는 합니다. 생성형 AI는 간단히 말해서 거대하고 복잡한 패턴을 찾아주는 시스템입니다. 인간은 누구나 자신의 경험이나 지식을 바탕으로 패턴을 찾아냅니다.

예를 들어, '나는 솔로' 같은 프로그램을 시청할 때, 시청자는 어떤 남녀가 서로 짝이 될 것 같은지를 추측합니다. 그리고 이 과정에서 우리가 만났던 수많은 인간관계를 기반으로 하여 패턴 찾기를 합니다. 만약 연애를 한 번도 한 적 없는 사람이라면 패턴을 찾기가 어려워집니다. AI는 이 같은 '패턴 찾기'를 비슷하게 흉내 내는 것입니다. 인간이 A라는 질문을 던지면, 패턴상 어떤 답변이 A와 한 쌍을 이룰지 분석해서 확률적으로 높은 답변을 제시합니다. 그러다 보니 AI가 계산한 바로는 '확률이 높은 답'이라고 제시한 게 우리가 보기에는 '엉뚱하거나 잘못된 것'일 가능성이 있습니다.

이처럼 AI에 대해 알면 조금 더 적절하게 활용할 수는 있습니다. 하지만 우리는 청소기가 어떻게 만들어지는지 몰라도 청소기로 청소할 수는 있습니다. 세탁기가 어떻게 만들어지는지 몰라도 세탁기로 빨래를 하고, 냉장고가 어떻게 만들어지는지 몰라도 냉장고에 음식을 보관합니다.

이건 단순한 가전제품이라서 그런 것이라고 생각하시나요? 그렇다면 여러분에게 묻겠습니다. 여러분은 자신이 사용하는 컴퓨터 소프트웨어가 어떻게 만들어지는지 알고 사용하시나요? 워드, 포토샵, 일러스트레이터 등의 프로그램 또한 프로그래밍된 것으로 여기에도 고등 이과 지식이 필요합니다. 하지만 누구 하나 만들어진 과정을 몰라도 잘 사용하고 있습니다.

또한, 이과 영역이든 비이과 영역이든 이 같은 프로그램을 통해 많은 일을 할 수 있게 되었습니다. 만약 원고지에 글을 쓰고 도서관에서 일일이 자료를 찾아야 했던 시절이었다면 이 책은 몇 년에 걸쳐 작성해야 했을 것입니다. 하지만 워드 프로그램과 인터넷 웹페이지 덕분에 원고를 쓰는 시간을 크게 단축할 수 있었습니다. 그리고 워드 프로그램과 인터넷 웹페이지를 조금 더 제대로 활용하는 방법을 알았기에 원고를 쓰는 시간을 조금 더 단축할 수 있었습니다. AI도 이와 다를 것이 하나 없습니다.

AI가 거짓말을 많이 한다는데,
사실인가요?

사장이 있습니다. 직원에게 A라는 일을 시켰는데, B라는 결과물을 가져왔습니다. 사장은 직원에게 물었습니다.

"난 분명 A를 시켰는데, 왜 B가 나왔지?"

직원은 사장에게 대답합니다.

"B라고 말씀하시지 않으셨어요?"

사장은 이 직원이 거짓말한다고 생각했습니다. 자신은 분명 A라고 말했는데 실수로 B라는 결과물을 만들어서 혼이 날까봐 거짓말한다는 것을 알았습니다. 그래서 사장은 이 직원이 또 거짓말할까 두려워서 더 이상 일을 시키지 않기로 했습니다.

그리고 자신이 일을 전부 다 하기로 했습니다.

AI의 '헐루시네이션hallucination'은 본래 '환각'이나 '환영'을 의미하는 단어로, 현재는 '생성형 AI가 거짓 정보를 마치 사실인 것처럼 생성하거나 전달하는 현상'이라는 의미가 더해졌습니다. 즉, 'AI가 거짓말을 하는 상황'인 것입니다.

하지만 이는 결코 의도된 거짓말이 아닙니다. 단지 AI의 작동 원리로 인한 일종의 '버그'라고 할 수 있습니다. AI는 확률 기반으로 결과치를 보여주는 것인데 그 과정에서 생기는 현상이 바로 헐루시네이션입니다.

그러나 이것은 앞서 말했듯이 AI의 작동 원리로 인한 일종의 버그입니다. AI가 아직 완벽하지 않다는 의미이기도 합니다. 따라서 헐루시네이션을 두려워할 필요는 없습니다. 오히려 비의도적인 거짓말이라는 점에서는 의도적으로 거짓말을 하는 인간보다 나을 수도 있습니다. 다만 AI를 상대로 하든 인간을 상대로 하든 상대의 말이 거짓인지 참인지 검증하고 책임지는 것은 언제나 본인의 몫입니다. AI의 답변을 선택하고 선택에 대한 책임을 지는 존재는 언제까지나 인간일 것입니다.

가끔 거짓말하거나 실수한다고 해서, 그런 팀원을 모두 몰아내고 혼자서만 일할 수는 없잖아요? AI도 마찬가지입니다.

AI를 쓰려면 돈이 많이 드나요?

전자제품 매장에서 에너지 효율 1등급 에어컨을 구매한 사람이 있습니다.

에어컨의 가격은 상당히 비싼 편이었지만, 에너지 효율 등급이 1등급이었기 때문에 전기요금이 적게 나왔습니다. 그런데 에너지 효율 5등급 에어컨을 싸게 구매한 사람이 묻습니다.

"왜 그렇게 비싸게 샀어요?"

어떤 도구든 성능이 좋아지면 좋아질수록 비싸집니다. 당장 3년 전에 나온 스마트폰과 올해 새로 나온 스마트폰의 가격 차이는 무시하지 못 하는 수준입니다. 하지만 사람들은 3년 전에 나온 스마트폰이 아니라 올해 새로 나온 스마트폰을 구매합니다. 왜냐하면 성능 자체가 다르기 때문입니다.

분명 AI 도구 중에는 비싸다고 생각되는 도구도 있습니다. 그러나 두 가지 생각할 것이 있습니다.

AI × 인간지능의 시대

'이 AI를 사용하면 어떤 도구를 사용하지 않아도 될까?'

'이 AI를 사용하면 어떤 인력을 고용하지 않아도 될까?'

그 두 가지를 전부 고려한 뒤에도 AI가 비싸다고 느껴진다면, 적어도 아직까지는 당신에게 정말로 비싼 것일지도 모릅니다. 또는 하고자 하는 일에 정확히 얼마만큼의 비용이 필요한지 제대로 파악했는지를 다시 한 번 돌이켜볼 필요가 있습니다.

AI인데 왜 돈을 내고 써야 하냐고 불평하실 분도 있을 것입니다. 하지만 AI 플랫폼이나 AI 서비스는 결국 인간이 운영하는 것이므로 돈을 받아야만 운영될 수 있는 것입니다. 게다가 현재 소비자가 지불하는 비용 이상의 효과를 볼 수 있는 AI 도구가 많습니다. 예를 들어, 챗GPT의 유료 버전 1개월 사용료는 20달러인데요. 저는 챗GPT로 복잡한 보고서를 요약해서 보고, 해외 연구자료를 정리하고, 제가 쓴 글의 논리적 모순이나 보완할 부분을 찾기도 합니다. 이런 작업을 다른 사람이나 기업에 맡긴다고 생각하면 20달러가 아니라 최소 수백 달러 이상을 지불해야 할 것입니다. 즉, AI 사용료는 구조적으로 발생할 수밖에 없지만, 전략적으로 잘 사용한다면 그보다 몇 배 이상 가치가 나가는 시간이나 자원을 절감할 수 있는 것입니다.

AI를 쓰면, 제 직업이
더 위협받지 않을까요?

옛날옛날 어느 숲속에 토끼와 거북이가 살고 있었어요. 토끼는 달리기에 큰 자부심을 가지고 있었죠. 어느 날, 숲에 자전거가 나타났어요. 자전거를 탄 동물들은 토끼보다 훨씬 빠르게 달릴 수 있었어요. 토끼는 크게 실망했어요.

"이제 내 재능은 쓸모없어졌어. 자전거와 경쟁할 순 없겠어."

하지만 거북이는 달랐어요. 거북이는 자전거를 배우기 시작했고, 자전거를 타고 토끼도 가보지 못한 먼 곳까지 여행을 떠났죠. 시간이 지나 거북이는 숲에서 가장 멋진 모험가가 되었어요. 거북이가 토끼에게 말했어요.

"토끼야, 자전거는 우리의 적이 아니야. 자전거를 도구로 활용할 줄 알아야 해. 새로운 것을 배우고 세상을 넓게 보는 게 중요해."

산업 혁명은 인간의 육체노동을 기계가 대신하게 된 혁명이었습니다. 그리고 지금의 AI 혁명은 인간의 두뇌노동을 AI가 대신하게 되는 혁명입니다. 따라서 '세상이 바뀌었으니 어쩔 수 없이 쓰긴 해야겠지.'라고 비관적인 생각을 하기보다는, 'AI를 써서 내 사고능력이나 지능을 어떻게 확장할까?', '내가 하는 일을 얼마나 멋지게 바꿀 수 있을까?', '내가 지금까지 능력이 안 되어 할 수 없었던 일을 AI를 활용해서 어떻게 하면 좋을까?' 등을 고민하는 것이 바람직합니다.

당장 겉으로는 AI라는 도구 자체가 특정 집단의 직업을 위협하는 것으로 보입니다. 하지만 그 속을 들여다보면 AI라는 도구를 바탕으로 해서 다른 사람이 그 직업을 대체하거나 확장하는 것입니다. 즉, 누군가의 직업에 변화를 일으키는 것은 본질적으로 보면 AI 자체가 아니라 AI라는 도구를 쓰는 사람인 것입니다.

산업 혁명 시대 이전에도 옷을 만들거나 물건을 실어 나르던 사람이 있었습니다. 이 같은 사람은 증기기관을 이길 수 없는 경쟁자로 생각했을지도 모릅니다. 하지만 아닙니다. 역사를 보면 언제나 인간은 새로운 기계나 기술과 경쟁한 것이 아니라, 그러한 기계나 기술을 활용하는 사람과 경쟁해왔습니다. 그렇다고 해서 경쟁에서 이겨야 한다는 것은 아닙니다. 단지 산업 혁명 시대에 증기기관을 사용한 사람은 자신만의 새로운 길을 찾아냈던 것입니다. 그처럼 우리 또한 현재 자신의 역할을 바꿔야 한다는 부담감을 느끼거나 AI라는 도구를 가지고 다른 이와 어떻게 싸울지를 고민하기보다는 AI를 활용해서 자신의 역할을 새롭게 그려내는 방법을 생각할 필요가 있습니다.

물론, 그런 전환 과정이 단순하거나 순탄하다고 생각하지는 않습니다. 껍질을 벗어버리는 애벌레처럼 큰 고통을 겪어야 할 것입니다. 개인, 조직, 사회, 모두가 그렇습니다. 다만, 어차피 겪어야할 과정입니다. 그러므로 AI를 파괴적 도구로 바라보며 부정하고 미워하기보다는 AI를 손에 쥐고서 새로운 미래를 그려보면 좋겠습니다.

AI를 계속 쓰면,

결국 AI에 휘둘리지 않을까요?

옛날옛날 어느 별에서 온 외계인이 지구를 멸망시키고 싶었어요.

그는 궁리 끝에 '고민 해결사'라는 기계를 만들었어요. 이 기계는 인간들의 모든 고민을 순식간에 해결해 주는 신통방통한 능력이 있었죠.

외계인은 이 기계를 지구에 몰래 숨겨두고 자신의 행성으로 돌아갔어요. 그리고 인간들이 이 기계를 발견하기만을 기다렸죠.

시간이 흘러 인간들은 우연히 '고민 해결사'를 발견했어요. 처음에는 모두가 기뻐했어요. 하지만 시간이 지날수록 이상한 일이 벌어지기 시작했죠.

인간들은 더 이상 고민하지 않게 되었어요. 모든 문제를 '고민 해결사'에게 맡기면 되니까요. 점점 인간들은 생각하는 법을 잊어 갔고, 창의력과 상상력은 사라져 갔어요.

결국 인간들은 '고민 해결사' 없이는 아무것도 할 수 없게 되었어요. 어느 날 외계인은 '고민 해결사'를 뺏어갔어요. 스스로 아무 것도 생각하지 못하게 된 인간들은 그저 그 자리에 멍하니 서 있을 뿐이었습니다.

AI를 계속해서 사용하다 보면 결국 인간이 AI에 휘둘리는 것이 아닐지 걱정하는 이들이 있습니다. 이러한 걱정은 과연 타당한 것일까요?

이 문제를 살펴보기 위해 우리가 직장에서 겪는 상황을 생각해 봅시다. 한 팀의 리더가 팀원들에게 휘둘려서 방향을 못 잡고 흔들린다면 어떨까요? 우리는 그런 존재를 리더라고 인정하지 않습니다. 리더는 팀원들이 역량을 발휘하게 동기부여하고, 각자의 성과를 하나로 엮어내며, 함께 나아갈 방향을 제시하기 위해 존재합니다. 인간과 AI의 관계에서 리더는 인간이 되어야 합니다.

만약 우리가 AI에 휘둘린다면, 이는 AI 자체의 문제라기보다는 리더로서의 주체성과 책임감을 망각한 인간의 문제입니다. 우리는 AI라는 도구를 사용하면서, 늘 자신을 되돌아봐야 합니다. 우리가 이 관계에서 무엇을 하고 있는지 말입니다.

만약 우리가 그저 세상의 질문을 AI에 던지고, AI가 내놓은 답을 다시 세상에 전달하는 역할만 한다면, 우리는 리더의 말을 옮기는 말단 사원에 불과합니다. 더 심하게 표현하면, AI가 주인이고 인간은 AI의 도구가 되는 셈입니다.

결국, AI 시대를 살아가는 우리에게 가장 중요한 것은 인간으로서의 주체성과 책임감을 잃지 않는 태도입니다. AI에 휘둘릴지 말지, 그 결정을 하는 주체는 AI가 아니라 우리 인간입니다. AI를 지워놓고 스스로 답해보면 좋겠습니다. 나는 지금껏 주체성과 책임감을 갖고 주인으로 살아왔는지 말입니다.

인간과 AI,

누가 더 똑똑할까요?

> 옛날옛날 어느 숲에서 길을 걷던 여우는 토끼와 거북이를 만났습니다.
>
> 셋은 함께 걸으며 즐겁게 얘기했습니다. 그러던 도중에 여우가 둘을 보며 물었습니다.
>
> "달리기를 하면 둘 중에 누가 더 빨라?"
>
> 토끼와 거북이는 여우에게 물었습니다.
>
> "어디에서?"

　　인간의 뇌와 챗GPT는 모두 학습을 통해 발전하고, 패턴을 인식하며, 이를 바탕으로 의사결정을 내린다는 공통점이 있습니다.

　　하지만 인간의 뇌는 감정, 창의성, 자의식 등의 측면에서 AI와 차별성을 가집니다. 인간은 복잡한 감정을 느끼고, 새로운 아이디어를 창출하며, 자신의 존재와 행동에 대해 성찰할 수 있습니다.

　　반면에 챗GPT는 방대한 데이터에 기반한 정보 처리를 수행하며,

감정이나 자의식은 없습니다.

누구도 챗GPT가 '멍청한 AI'라고는 하지 않습니다. 오히려 챗GPT를 잘 활용하면 인간이 생각하지 못 하는 결과물을 만들어내는 경우도 있습니다.

예를 들어, 챗GPT는 방대한 데이터를 분석하여 인간이 놓치기 쉬운 패턴이나 인사이트를 발견할 수 있습니다. 하지만 그것이 '인간이 AI보다 똑똑하지 않다는 증거'가 되지 않고, 'AI가 인간보다 덜 똑똑하다는 증거'도 되지 않습니다. 인간과 AI는 작동 방식, 능력, 존재 목적 등이 서로 같지 않기 때문입니다.

마치 토끼와 거북이가 어디에서 경주를 하느냐에 따라 완전히 다른 결과가 나오는 것처럼, 인간과 AI도 상황에 따라 각자의 강점을 발휘할 수 있습니다. 인간과 AI의 능력을 단순히 비교하기보다는 서로의 강점을 인정하고 협력하는 것이 중요합니다.

인간과 AI가 각자의 역량을 발휘하며 시너지를 내는 것, 그것이 우리가 나아갈 길입니다.

AI가 인간의 감정을
이해할 수 있나요?

화난 여자가 한 명 있습니다. '양말을 뒤집어서 빨래통에 넣지 말라.'라고 몇 번이나 말했는데 남편이 또 양말을 뒤집어 빨래통에 넣어놨기 때문입니다. 그래서 화가 난 상태로 남편에게 말했습니다.

"내가 왜 화났는지 알고 있지?"

남편은 대답했습니다.

"응."

아내는 더욱 큰 목소리로 말했습니다.

"아는 사람이 그래?!"

감정의 '인식'과 '이해'는 완전히 다른 차원의 문제입니다. 일반인은 다른 사람이 화가 났거나, 슬퍼하거나, 기뻐하는 것을 인식합니다. 그리고 이해하며 공감합니다. 하지만 사이코패스는 다른 사람의 감정 그 자체는 인식할 수 있어도, 그것을 이해하고 공감하지는 못합니다.

AI는 조금 강하게 말하면 사이코패스와 비슷합니다. 감정을 인지할 수는 있지만, 이해하고 공감하지는 못합니다. 기술이 더욱 발전한 미래라면 SF 창작물에서 종종 나오곤 하는 '인간처럼 감정을 이해하고 공감하는 AI'가 만들어질 수도 있겠지만, 적어도 현재의 지식으로는 'AI는 감정을 이해하거나 공감하지 못한다.'라는 설명밖에 할 수 없습니다.

AI 시대를 항해하는 사피엔스를 위한 안내서

AI×인간지능의 시대

초판 1쇄 발행 2024년 4월 17일
초판 2쇄 발행 2024년 7월 10일

지은이 | 김상균
펴낸이 | 권기대
펴낸곳 | ㈜베가북스

주소　　　 | (07261) 서울특별시 영등포구 양산로17길 12, 후민타워 6-7층
대표전화 | 02)322-7241　　　　**팩스** | 02)322-7242
출판등록 | 2021년 6월 18일 제2021-000108호
홈페이지 | www.vegabooks.co.kr　**이메일** | info@vegabooks.co.kr
ISBN | 979-11-92488-65-3 (13320)